C. N. Parkinson
M. K. Rustomji
S. A. Sapre

Der Unternehmer-Dschungel

Ihr Wegweiser durch den
Unternehmer-Alltag

RENTROP  *VERLAG*

Titel der Originalausgabe: „The Management Jungle - How to find your way."
© Copyright 1984 by C. Northcote Parkinson, M. K. Rustomji and S. A. Sapre

Aus dem Englischen von Karin Schraer

CIP-Titelaufnahme der Deutschen Bibliothek
Parkinson, Cyril Northcote: Der Unternehmer-Dschungel:
Ihr Wegweiser durch den Unternehmeralltag / C. N. Par-
kinson, M. K. Rustomji, S. A. Sapre.
(Aus d. Engl. von Karin Schraer).
– 1. Aufl. –
Bonn: Rentrop, 1990
Einheitssacht.: The management jungle [dt.]
ISBN: 3-8125-0132-5

1. Auflage April 1990
© Copyright 1990 by Verlag Norman Rentrop, Bonn

Satz: Fotosatz Gluske, Köln
Druck: Druckerei Laub, Elztal-Dallau
Umschlaggestaltung: Thomas Lutz, Bernkastel-Kues
Lektorat: Luzia Daheim, Bonn
Herstellungsleitung: Monika Graf, Bonn
Objektleitung: Detlef Reich, Bonn

Verlag Norman Rentrop, Theodor-Heuss-Str. 4, 5300 Bonn 2 (Bad Godesberg),
Tel. 0228/82050, Telex 17228309 (ttx d), Teletex 228309 = rentrop, Telefax
0228/364411
ISBN 3-8125-0132-5

Inhalt

„Mit sanfter Ironie gegen den Müßiggang"

Interview mit dem Bürokratiekritiker C. N. Parkinson

von Wolf Stock

Dem alten Herrn fällt es schwer, den Überblick zu bewahren. Es seien wohl über 60 Bücher, die der nun 80jährige veröffentlicht habe. Daß er in 22 Sprachen übersetzt wurde, weiß er gerade noch. Doktorhüte? Der Professor runzelt die Stirn. Einen Doktortitel von hier, einen von da – wie er mit britischem Understatement meint.

Über Mangel an Zuspruch kann der Bürokratismuskritiker Cyril Northcote Parkinson nicht klagen. Mit seiner jungen Frau lebt der Schrecken aller müßiggängerischen Beamten auf der Isle of Man, einem 60.000 Seelen-Eiland in der Irischen See. In farbiger Sprache hat C. N. Parkinson schon vor über drei Jahrzehnten vor der Aufblähung der Verwaltung gewarnt. Auf einem riesengroßen Ölgemälde in der Diele von Parkinsons Flachvilla hat ein Maler jenes Gesetz verewigt, das Parkinson weltberühmt machte:

„Work expands as to fill the time available for its completion" („Arbeit wird so in die Länge gezogen, wie Zeit für ihre Erledigung zur Verfügung steht").

In den 60er Jahren hat Parkinson mit seiner messerscharfen Beobachtungsgabe der Bürokratie-Idiotie den Kampf angesagt. Die kontinuierliche Zunahme der Zahl der Beamten und Angestellten stehe in keinem Verhältnis zur Menge der vorhandenen und zu bewältigenden Arbeit. In der Konsequenz, so Parkinson, beschäftigen sich Beamte und Angestellte vorwiegend mit sich selbst, indem sie sich gegenseitig Arbeit besorgen und zuschieben.

Viel Freude hat Parkinson mit seinen Thesen nicht bereitet. Im Gegenteil: Bei vielen Beamten löste er eine Art Entbehrlichkeitsphobie aus. Als Paradebeispiel für Parkinsons Gesetz verweist der alte Professor mit sanfter Ironie auf die britische Navy. Immer weniger Schiffe, und immer mehr Admirale.

Doch ist der in New York geborene britische Historiker beileibe kein verhärmter Ideologe. Der ehemalige Verwaltungsbeamte und Infanteriemajor Parkinson kultiviert jenen etwas schrulligen Humor der Briten, die seine Wirtschaftsanalysen zu spritzigen Geistesblitzen geraten läßt. Dabei betrachtet der aus einer Künstlerfamilie stammende Parkinson die Wirtschaftswelt stets mit einem Augenzwinkern.

Für viele ist er ein hoffnungsloser Fall: Ganz britischer Gentleman, very old fashioned – ein spitzbübischer Philosoph auf dem Gebiet von Wirtschaft und Gesellschaft. Mit C. N. Parkinson sprach auf der Isle of Man der Wirtschaftsjournalist Wolf Stock.

Frage: Professor Parkinson, „Arbeit wird so in die Länge gezogen, wie Zeit für sie zur Verfügung steht". Das ist Parkinsons weltberühmtes Gesetz ...

Parkinson: ... ich kann mich dunkel daran erinnern (schmunzelt).

Frage: Wie sind Sie darauf gestoßen?

Parkinson: Ich habe das Phänomen während des Zweiten Weltkrieges entdeckt, als ich merkte, wie aufgebläht doch die Verwaltungen waren. Ich beobachtete damals etwas ganz eigenartiges: Bei einer Sache, bei der mehr Leute zugange waren als benötigt, wurde auch sehr viel mehr Zeit verbraucht, um diese Aufgabe zu erledigen. Mehr jedenfalls, als wenn die richtige Anzahl von Menschen für diese Aufgabe eingesetzt worden wäre.

Frage: Ist dies ein Naturgesetz, gültig für alle Zeiten und alle Länder?

Parkinson: Aber natürlich, selbstverständlich. Dies ist beileibe keine britische Erfindung, sondern ein weltweites Phänomen.

Frage: Trifft Ihr Gesetz mehr für die Verwaltung oder auch für die Wirtschaft zu?

Parkinson: Ursprünglich habe ich Parkinsons Gesetz bei der Verwaltung beobachtet. Als ich dann diese Mechanismen unter die Lupe nahm und niederschrieb, erhielt ich aus der Wirtschaft sehr viele Zuschriften auf meine Thesen. Wie ist es nur möglich, so fragt man, daß Sie unser Unternehmen kennen?

Frage: In welchen Ländern wird denn sehr im Parkinsonschen Sinne gesündigt?

Parkinson: In praktisch allen Ländern dieser Welt. Jedenfalls in allen, die ich kenne. Deutschland zum Beispiel. Ihr seid ja nicht gerade unanfällig gegen Bürokratie. Wenn ich mir da Ihren ganzen Beamtenapparat ansehe, die Verordnungen und Einschränkungen. Aber nochmals, dies ist kein deutsches Phänomen. Auch in Großbritannien ist vieles nicht vollkommen, besonders unter den Labour-Regierungen.

Frage: Wie sieht es mit der Sowjetunion aus?

Parkinson: Ich kenne die Sowjetunion zu wenig, um ein echtes Urteil abgeben zu können. Ich kann mir gut vorstellen, daß Parkinsons Gesetz dort fröhliche Urständ feiert. Bei einem Land, das so von strikten Verordnungen und Gesetzen verwaltet wird, würde mich das jedenfalls nicht wundern.

Frage: Sehen Sie Chancen, daß Gorbatschow seine Reformen durchführen kann?

Parkinson: Ich denke schon. Bis jetzt macht er seine Arbeit sehr gut. Wenn man sich vor Augen hält, wie es in der russischen Geschichte anderen Reformern gegangen ist, die man einfach an die Wand gestellt hat, so ist Gorbatschow schon ein sehr ermutigendes Beispiel. Mit welchem Enthusiasmus und mit welchem Rückhalt in der Bevölkerung er seine Reformen anpackt! Ich wünsche ihm jedenfalls ein langes Wirken.

Frage: Prof. Parkinson, Sie haben unzählige Firmen auf diesem Erdball beobachtet und kennengelernt. Welches ist das bestverwaltete Unternehmen?

Parkinson: Das ist sehr, sehr schwierig zu entscheiden. Ich würde hier keinen Oscar für *das* beste Unternehmen vergeben. Aber es gibt da eine Vielzahl von Firmen, die sehr gut verwaltet sind. Mich haben besonders die amerikanischen Autohersteller beeindruckt. An ihrer Spitze die Ford Company.

Davon abgesehen, mein Respekt gilt eher den kleinen Betrieben denn den großen Konzernen. Trotzdem: Wenn es einen Oscar für exzellentes Management gäbe, dann hätten die Amerikaner ihn verdient. Denn die Amerikaner sind die Pioniere eines umfassenden Industriemanagements gewesen.

Frage: Sie haben in Ihrem Leben viele Manager kennengelernt. Manager aus Wirtschaft, Verwaltung, Politik und Religion. Hat Sie einer besonders beeindruckt?

Parkinson: Was die Politik betrifft, kann ich diese Frage recht einfach beantworten. Denn Erfolg in der Politik ist sehr schnell erkennbar. Singapur zum Beispiel ist in den letzten Jahren sehr gut verwaltet worden. Lee Kuan Yew ist ein sehr erfolgreicher Ministerpräsident. Ich kannte ihn persönlich. Er war Rechtsanwalt. Er ist ein ganz kurioses Beispiel: Lee hat sich als Führer einer kommunistischen Partei selbst inthronisiert und hat nachher eine konservative Politik gemacht. Die kommunistische Partei hat ganz schön gestaunt, als sie merkte, daß sie nun in Wirklichkeit eine konservative Partei war. Ein sehr fähiger Mann, dieser Lee Kuan Yew.

Frage:	Prof. Parkinson, trifft Ihr Gesetz das Wesen der Wirtschaft im Kern? Ist es nicht eher ein Gesetz, das auf die Verwaltung und den Beamtenapparat zugeschnitten ist? Denn die Wirtschaft muß sich jeden Tag aufs Neue beweisen. Sie darf sich keine Schwächen erlauben. Sie muß den Kunden zufriedenstellen, die Konkurrenz abfangen, sie muß Gewinne erwirtschaften. Ist da überhaupt Platz für Parkinsons Gesetz?
Parkinson:	Da ist etwas dran. Als ich das Gesetz formulierte, da hatte ich den Regierungsapparat im Auge, denn den kannte ich recht gut. Zu dem damaligen Zeitpunkt hatte ich von der Wirtschaft keinen blassen Schimmer. Erst Manager und Geschäftsleute machten mich darauf aufmerksam, daß dieses Gesetz auch für die Wirtschaft zutrifft.

Erst von da ab habe ich mich sehr intensiv mit der Wirtschaft befaßt, habe zahlreiche Manager konsultiert, Firmen beobachtet. Und in der Tat habe ich die Gesetzmäßigkeit einer trägen Verwaltung auch im Wirtschaftsleben festgestellt. |
| Frage: | Kann man die Regierung wie ein Wirtschaftsunternehmen führen? Die Frage fällt mir ein, weil ein früherer deutscher Bundeskanzler stets sagte: „Ich bin der Vorstandsvorsitzende des Industrieunternehmens Bundesrepublik Deutschland". Kann man die Regierung wie eine Aktiengesellschaft führen? |
| Parkinson: | Nein! Nein, ganz und gar nicht. Die Aufgaben sind doch zu unterschiedlich. Ein Handwerker, der muß Material einkaufen, der muß es verarbeiten und schließlich verkaufen. Und er muß dabei stets einen Gewinn erwirtschaften. Dieser Gewinn bildet dann den Grundstock seiner Expansion – nach dieser einfachen Gesetzmäßigkeit funktioniert die Politik nicht. Auch steht der Handwerker jeden Tag von neuem auf dem Prüfstand: Sein Produkt muß vorzüglich sein, |

die Konkurrenten sitzen ihm im Nacken. Er steht jeden Tag vor der Möglichkeit, vom Markt zu verschwinden. Ich frage Sie, läuft es so in der Politik? Politische Mechanismen sind weit komplizierter als die der Wirtschaft.

Da gibt es zwar auch den wirtschaftlichen Aspekt. Zum anderen muß der Politiker aber auch seine Gesinnung in praktische Politik umsetzen. Er muß seine Klientel bedienen. Er muß schauen, daß er nicht in Konflikt kommt mit religiösen Gefühlen, daß er nicht bei anderen Ländern aneckt oder die Gewerkschaften verärgert.

Da gibt es so viele Aspekte, die in einer politischen Entscheidung zusammenkommen, man kann fast gar nicht mehr den Überblick behalten. Aus diesem Grunde ist es auch sehr schwierig zu sagen, ob eine politische Entscheidung weise oder unklug war. Da ist es im Geschäftsleben doch einfacher. Sie können dort ihre Entscheidungen arithmetisch genau treffen.

Frage: Welche Eigenschaften muß ein erfolgreicher Unternehmer mitbringen?

Parkinson: Er muß eine Vielzahl ausgeprägter Eigenschaften besitzen. Die zentrale Charakteristik ist wohl, daß ein guter Geschäftsmann über einen festen Willen und viel Entschlußkraft verfügen muß. Er sollte auch seine ganze Kraft seiner Sache widmen. Das ist der Schlüssel zum Erfolg. Der Wille zum Erfolg muß da sein.

Frage: Warum scheitern so viele junge Geschäftsleute? Warum fallen so viele Jungunternehmer auf die Nase? Was läuft schief?

Parkinson: Eine Sache, die bei den jungen Leuten schief liegt, ist, daß sie nicht mit ganzem Hirn und Herzen bei der Sache sind. Da ist zu viel anderes, was sie umtreibt: Sie denken an das Mädchen, das sie letzte Woche getroffen haben und überlegen, wie man ihr den Hof machen könnte. Sie denken vielleicht auch zu viel an den Freizeitbereich. Sie sind mit ihren Gedanken beim Squash- oder beim Tennismatch. Viele junge Unternehmer bewegen sich heutzutage auf dem Tanzparkett sicherer als im Geschäftsleben.

Frage: Haben Sie einen Ratschlag, den Sie Jungunternehmern geben können?

Parkinson: Zunächst sollten sie mal alle meine Bücher lesen. Das muß an erster Stelle stehen. Das andere kommt dann von alleine. Im Ernst, man sollte wirklich den festen Willen zum Erfolg mitbringen und mit Entschiedenheit seinen Weg gehen. Die mangelnde Konzentration auf das Wesentliche ist der am meisten verbreitete Fehler.
Andererseits: Wie ein Besessener sich auf die Arbeit zu konzentrieren, ist noch nicht das Geheimnis des Erfolgs. Sie sollten auch die Arbeit begreifen. Sie müssen erkennen lernen, was wichtig und was unwichtig ist.

Frage: Prof. Parkinson, wer ist eigentlich erfolgreicher, ein Geschäftsmann oder eine Geschäftsfrau? Was halten Sie von Frauen im Geschäftsleben?

Parkinson: Ja, darüber läßt sich trefflich philosophieren. Das sind die Fragen von heute. Nun gibt es ja heute nicht besonders viele Beispiele von Frauen in Führungspositionen. Lassen Sie mich Ihre Frage kurz beantworten: Ich halte nichts von Frauen im Geschäftsleben.

Frage: Warum denn das?

Parkinson: Zum einen stößt sie viele Männer vor den Kopf, die glauben, ihnen würde die Position eigentlich zustehen. Zum anderen beeinflussen bei der Frau stark die privaten und familiären Gesichtspunkte das geschäftliche Wirken. Und je höher eine Frau steigt, desto mehr hört sie auf, Frau zu sein. Ist sie dann irgendwann mal ganz oben, dann kommt die Frau dort als eine Art Mann heraus. Alle Vorteile, die eine Frau auszeichnen, sind dann flöten gegangen. Sie sehen, ich bin kein besonderer Freund von Frauen im Geschäftsleben.

Frage: Nun werden die Engländer ja von Frauen regiert. Von einer Königin und von einer Premierministerin. Ist das eine gute Erfahrung, ein schlimmes Experiment oder einfach heutige Realität?

Parkinson: Nein, Normalität ist es heute nicht. Historisch gesehen sind wir Engländer mit unseren Frauen aber immer recht gut gefahren. Königin Elisabeth I. im 16. Jahrhundert, Königin Viktoria im Viktorianischen Zeitalter und auch Königin Elisabeth II. in den letzten Jahren – das waren angenehme Erfahrungen für uns. Auch mit Margaret Thatcher sind wir recht gut gefahren. Also, eine Frau an der Spitze zu sehen, das ist für uns Engländer nichts ganz Außergewöhnliches.

Frage: Wie sehen Sie die Thatcher-Jahre? Gibt es heute weniger Bürokratie als unter den Labour-Regierungen?

Parkinson: Nicht daß ich wüßte.

Frage: Dann hat Frau Thatcher also wenig erreicht?

Parkinson: Nein, nicht daß sie wenig erreicht hätte. Ich glaube nur nicht, daß sie mit dem festen Willen angetreten ist, die öffentlichen Ausgaben zu begrenzen. Da standen ganz andere Probleme im Vordergrund.
Sie wird zweifellos nicht in die britische Geschichte eingehen als die große Reformerin der öffentlichen Verwaltung. Man wird sich an sie erinnern als an eine sehr effektive und erfolgreiche Premierministerin. Aber ihre Politik wird alles in allem keine große Wirkung haben. Dazu sind die Strukturen zu sehr festgefahren. Es wurde hier sehr viel über eine Reform der

	öffentlichen Verwaltung geredet. Aber da ist mehr Rauch denn Feuer.
Frage:	Prof. Parkinson, eine persönliche Frage. Heute mit 80 sind Sie immer noch kräftig beim Schreiben. Wollen Sie der Öffentlichkeit noch viel sagen? Was treibt Sie an, noch zu schreiben und Reden zu halten in einem Alter, wo andere schon fast zwei Jahrzehnte in Rente sind?

Parkinson: Als junger Mensch stand ich sehr unter dem Einfluß eines Denkers, den man heute fast vergessen hat. Ein Philosoph namens G. K. Chesterton. Haben Sie den Namen schon einmal gehört?

Frage: Ja, der Erfinder von Pater Brown ...

Parkinson: Ja, richtig, der geistige Vater von Pater Brown. Aber das sind einfache Detektivgeschichten. Er war Journalist, in Wirklichkeit jedoch Philosoph. Was mich an Chesterton so fasziniert: Wenn er einen Ratschlag gab, so erteilte er stets den Ratschlag, den man am wenigsten erwartete. Er hatte einen etwas paradoxen Schreibstil. Er war ein Mensch der spitzen Feder: „Das Dumme bei der Eile ist, daß man so lange braucht". Das ist so ein Chesterton-Satz.
Seine Art zu denken, versuche ich mir etwas zu eigen zu machen. Deshalb freut es mich, wenn ich noch etwas zu sagen habe – und gerade etwas zu sagen habe, was die Leute von mir nicht erwarten.

Frage: Sind Sie der Chesterton der Wirtschaftsliteratur? Ich sehe da immer ein Augenzwinkern zwischen Ihren Zeilen. Meinen Sie das eigentlich immer ernst?

Parkinson: Ja, ich meine es immer ernst. Aber ich habe gemerkt, wenn man gelesen und verkauft werden will, dann muß man sein Publikum bei Laune halten. Und hinter dieser humorvollen Fassade steckt doch immer eine ernste Botschaft.

Ich habe über 60 Bücher geschrieben. Darunter auch ein Kinderbuch. Bei Kindern erzählt man eine nette Geschichte mit tieferem Sinn. Bei den Erwachsenen ist es eigentlich nicht anders.

Frage: Haben Ihre Bücher die Welt verändert?

Parkinson: Huch! Ich würde mir das gerne wünschen. Aber es fällt mir schwer, dafür Beispiele zu finden. Wenn ich es mir recht überlege, so fällt mir eigentlich kein einziges Beispiel ein, wo mein Rat auf fruchtbaren Boden gefallen wäre.

Frage: Professor Parkinson, wenn Sie auf die Geschäftswelt der späten 80er Jahre blicken, hat sie sich gegenüber den 50er und 60er Jahren sehr verändert?

Parkinson: Da gibt es riesengroße Veränderungen. Und als ein alter Herr darf ich wohl behaupten, daß die Verhältnisse sich nicht immer zum Besseren gewandelt haben. Die augenfälligste Veränderung ist die Mechanisierung und Computerisierung des Wirtschaftslebens. Das ist eine ganze Entwicklung, die ich nicht verstehe, die ich eigentlich auch gar nicht verstehen will. Meine Befürchtung ist: Je mehr unsere Welt mechanisiert wird, desto mehr verlieren wir an menschlicher Kraft.

Frage: Aber ist die Computerisierung nicht gerade eine große Chance, das Arbeitsleben humaner zu gestalten? Erhalten wir durch die Computer nicht auch mehr Freizeit?

Parkinson: Das mag ja so sein. Wenn man aber wenigstens die gewonnene Freizeit sinnvoll gestalten würde, das wäre dann das Paradies! Die Menschen arbeiteten nur ganz wenige Stunden und hätten dann die andere Zeit praktisch Wochenende. Die Leute würden Bilder malen, Gedichte schreiben und Orchesterstücke komponieren. Aber das ist nur ein schöner Traum, das passiert doch nicht.

16

Frage: Sie leben auf der Isle of Man. Vorher lebten Sie auf Guernsey, davor in Singapur. Das sind alles Inseln. Was zieht Sie am Inselleben so an?

Parkinson: Das Leben ist überblickbar. Auch die Probleme, die vor Ihnen liegen, sind in kleinerem Rahmen überblickbar. Sie sind näher am Geschehen dran. Das Leben auf einer Insel ist sehr viel persönlicher als das anonyme Leben in irgendwelchen Großstädten. Inseln beschützen Sie auch, beschützen Sie vor der lauten und unruhigen Welt draußen. So habe ich meine Ruhe, um zu schreiben und zu meditieren.

Frage: Professor Parkinson, was ist wichtiger, die Strukturen der Gesellschaft zu ändern oder das Denken der Leute zu ändern?

Parkinson: Wohl doch das Denken der Leute zu ändern. Aber das wird schwierig sein, ohne zugleich auch die Strukturen zu ändern.

Frage: Und was beabsichtigen Sie mit Ihrem Schreiben? Gedanken oder Strukturen zu ändern?

Parkinson: Es würde mich freuen, wenn meine Bücher Einfluß auf das Denken dieser Welt hätten. Aber das läßt sich nicht messen.
Ich habe versucht, die Menschen auf vielerlei Weise zu beeinflussen. Vielleicht habe ich hier und da ein bißchen Einfluß gehabt. Nicht viel. Aber immerhin ein kleines bißchen.

Frage: Professor Parkinson, vielen Dank für dieses Gespräch.

1. Die Entwicklung der menschlichen Arbeit:

Vom Jäger und Sammler bis zum Menschen am Computer

Jagd und Ackerbau

Vor etwa 10.000 Jahren fingen die Menschen an, so etwas wie Ackerbau zu betreiben. Vor dieser großen „Erfindung" lebten die Menschen von der Jagd. Jagen bedeutete für sie eine sporadische Tätigkeit und keine Vollzeitbeschäftigung. Sehr oft kamen die Jäger mit leeren Händen nach Hause und sagten wohl zu ihren Frauen: „Tut uns leid, haben heute kein Glück gehabt. Was habt ihr Gutes gekocht?"

Das Sammeln der Hauptnahrungsmittel, zum Beispiel von Wurzeln und wilden Früchten, wurde den Frauen überlassen. Männer zogen es dann vielleicht vor, sich mit Spielen die Zeit zu vertreiben oder sich Geschichten zu erzählen über die Gefahren und Beschwernisse des Jagens.

Die Landwirtschaft veränderte diese tägliche Routine grundlegend. Sie bürdete beiden, Männern wie Frauen gleichermaßen, Arbeit auf, und zwar vom Morgengrauen bis zum Einbruch der Dunkelheit und fast das ganze Jahr über. Es war Arbeit im Freien, die weder sonderlich überwacht und organisiert, noch streng durch Uhrzeit kontrolliert wurde.

Frühe industrielle Arbeit

Die industrielle Revolution veränderte das Wesen und die Formen der Arbeit wieder vollständig. Die Menschen sollten nun mit Maschinen umgehen, von denen sie jedoch eigentlich beherrscht wurden. Die Arbeit wurde bis ins kleinste unterteilt, streng kontrolliert und genau nach der Uhr geregelt. Am Anfang mußten die Menschen täglich 14 Stunden oder sogar noch länger arbeiten.

Selbst Kinder im Alter von 6 bis 8 Jahren wurden in britischen Fabriken in großer Zahl beschäftigt und auf brutale Art dazu gezwungen, viele Stunden am Tag zu arbeiten. Viele dieser Unglücklichen starben jung. Da ist die zu Herzen gehende Geschichte eines kleinen Jungen, der um 11 Uhr nachts von der Arbeit nach Hause kam und aus Furcht vor der harten Strafe für Zuspätkommen um 2 Uhr morgens bereits zurück zur Baumwollspinnerei hinkte.

Fabrikarbeit war in jener Zeit bar jeder Rücksicht auf die Gesundheit und das Glück der Menschen.

Die Arbeitswelt von heute

Sämtliche Aussagen in diesem Buch haben übrigens Allgemeingültigkeit. Sie sind über Jahre hinweg in der Industrie empirisch überprüft worden.

Die heutige Arbeitswelt ist zwar unberechenbar, aber faszinierend. Sie ist im wesentlichen eine Welt fortwährender Unzufriedenheit, Unruhe und Umwälzungen. Und dennoch, sie ist auch die Welt menschlicher Errungenschaften und Freuden.

Der industrielle Sektor dieser Welt reagiert besonders empfindlich und extrem unbeständig. So wurde beispielsweise in den „Durgapur Steel Mills" in Indien ein größerer Streik nur dadurch ausgelöst, daß sich ein einfacher Arbeiter weigerte, auf Geheiß seines Vorarbeiters ein Werkzeug zu holen, eine Tätigkeit, die eigentlich zu seiner regulären Arbeit gehörte.

Auch der große Generalstreik 1926 in Großbritannien wurde durch ein völlig unerwartetes Ereignis verursacht. Die Belegschaft der Druckerei lehnte es ab, einen Leitartikel der Zeitung „Daily Mail" zu drucken. Er lautete „Für König und Vaterland" und wurde als aufrührerisch angesehen.

In den Vereinigten Staaten traten 1972 Arbeiter von „General Motors" in den Streik, und zwar nicht für höhere Bezahlung, sondern für eine sinnvollere Tätigkeit, die eine Verbesserung ihres Arbeitslebens bedeutete.

Es gibt jedoch auch enorme Umwälzungen zu beobachten. Menschen wandern auf der Suche nach Wohlstand und besseren Arbeitsbedingungen von einem Teil der Welt in den anderen. Es gibt beispielsweise heute mehr koreanische Krankenschwestern in Westdeutschland als in Korea selbst. Ganze Landstriche der Türkei wurden von den arbeitsfähigen Männern verlassen. Es gibt sechs Millionen ausländische Arbeitnehmer in der erweiterten Europäischen Gemeinschaft und eine Million in der Schweiz.

Die Vereinigten Staaten, die reichste aller Nationen, halten den einsamen Rekord der höchsten Jugendarbeitslosigkeit der Welt. In Indien hat das Problem der Arbeitslosigkeit mittlerweile beängstigende Ausmaße angenommen. Die Zahl der bei der Arbeitsvermittlung registrierten Personen beläuft sich auf über 40 Millionen, nicht mitgerechnet sind dabei die Teilzeitbeschäftigten und Gelegenheitsarbeiter.

Veränderungen der Strukturen

Zwei neue Entwicklungen insbesondere verändern die Formen des Arbeitslebens. Es handelt sich um die Automatisierung und um die zunehmende Tendenz, ein mehr an Freizeit höherem Lohn vorzuziehen. Dieser selbstgewählte Verzicht setzt sich in allen Ländern der Erde mehr und mehr durch; ausgenommen waren bis vor kurzem Deutschland und Japan. In Großbritannien bedeutet dies schätzungsweise einen Verlust von etwa 300 Millionen Arbeitstagen im Jahr, ungefähr das dreißigfache der durch Streiks verursachten Ausfälle. Montag morgens frei zu nehmen und nicht pünktlich zur Arbeit zu erscheinen wird in vielen Ländern zunehmend üblich.

Regulierung der Arbeitsstunden

Sehr viele Arbeitnehmer wünschen sich, ihre Tätigkeit nach eigenen Bedürfnissen zeitlich einteilen zu können. So wird augenblicklich vielerorts ein System flexibler Arbeitszeit erprobt. Dabei werden 20 der insgesamt 40 Wochenarbeitsstunden nach festem Zeitplan und die restlichen 20 nach freier Zeiteinteilung gearbeitet.

Die Auswirkungen der Computer

Auf vielen Gebieten ersetzt der Computer zunehmend die Arbeit des Menschen. Er kann sehr schnell und sehr genau die unterschiedlichsten Aufgaben erledigen, so zum Beispiel Büroarbeit, Maschinenbedienung und Informationsverarbeitung.

Ein Computer kann zudem zuweilen persönliche Bedürfnisse und Wünsche besser befriedigen. So können etwa mit Hilfe der computergesteuerten Reservierung von Flugtickets eine Reihe von Sonderwünschen schnell berücksichtigt werden: Fenstersitz, Raucher- oder Nichtraucherabteil und so weiter, was einem Angestellten allein nicht möglich ist. Fließbänder können nun mit Leichtigkeit per Computer kontrolliert werden. Es wäre denkbar, sogar sämtliche Büroarbeiten mit Hilfe eines Rechners zu Hause zu erledigen. Ein PC kann dazu jede erforderliche Information liefern.

Unternehmer-Dschungel

Arbeiter können heutzutage selbstverständlich lesen und schreiben. Tatsächlich sind die meisten sogar belesen und verfügen über eine berufliche Ausbildung. Arbeitslose sind verzweifelt bemüht, eine Arbeit zu bekommen. Doch auch die, die eine Anstellung haben, sind auf dem Sprung: Sie sind auf der Suche nach besseren Stellen. Erwartet werden heute: gute Bezahlung, angemessene soziale Einrichtungen, gute Arbeitsbedingungen, anständige

Behandlung, Weiterbildungsmöglichkeiten sowie Förderung und Spielraum zur beruflichen Weiterbildung.

So besteht nunmehr eine Hauptaufgabe der Unternehmensführung darin, bei der Arbeitsplatzgestaltung diese menschlichen Bedürfnisse zu erfüllen.

Das Thema dieses Buches sind Arbeiter, Manager und Unternehmer bei der Arbeit: Wie sie mit der Arbeit und miteinander umgehen, und vor diesem Hintergrund werden wertvolle Vorschläge gemacht, mit deren Hilfe man zu einem ausgezeichneten Ergebnis kommen kann.

2. Arbeit ist so wichtig wie Essen und Trinken

Drei Hauptgründe

Es gibt wenigstens drei Hauptgründe, weshalb ein Mensch arbeitet. Der erste besteht in der Notwendigkeit, seine Familie mit den notwendigen Gütern und Dienstleistungen zu versorgen. Zweitens entwickelt der Mensch durch seine Arbeit Gemeinschaftssinn und freundschaftliche Beziehungen zu anderen. Dadurch wird man zum Mitglied seiner Gesellschaft – sonst bleibt man ein einsames Geschöpf.

Und drittens kann sich ein Mensch durch seine Arbeit verstandes- und gefühlsmäßig entwickeln. Jede sinnvolle Tätigkeit, die ernsthaft ausgeübt wird, ist Arbeit. Das beinhaltet nicht nur Tätigkeiten in Fabriken oder Büros, sondern auch solche auf wissenschaftlichem oder künstlerischem Gebiet.

Die Spanne der menschlichen Bedürfnisse ist äußerst weit und allein Arbeit kann sie, wie die anschließende Erläuterung zeigen wird, befriedigen.

Arbeiten ist so natürlich wie Spielen oder Ausruhen

Es herrscht die Ansicht, daß die meisten Menschen arbeitsunlustig sind und sie alles daran setzen, der Arbeit aus dem Wege zu gehen. Mit Nachdruck wird behauptet, sie seien von Natur aus faul. Aber das stimmt einfach nicht.

Arbeit ist eine natürliche Tätigkeit, und jeder Mensch braucht eine Aufgabe. Der Grund dafür ist einfach: Der menschliche Körper stellt ein organisches System dar, das die aufgenommene Nahrung, das Wasser und die Luft umwandelt und in Form von meßbarem Verhalten wieder abgibt. Arbeit ist die wichtigste Form solchen Verhaltens. Der menschliche Körper erzeugt eine bestimmte Menge Energie, sowohl in körperlicher als auch in geistiger Hinsicht, die sich am besten durch Arbeit abbauen läßt. Ein bekannter Autor hat gesagt: „Sie fragen . . . warum ich immer weiter arbeite. Ich arbeite aus dem selben Grund, aus dem eine Henne Eier legt." Arbeit kann Freude bereiten und Ansporn geben. Sie erfrischt Körper und Geist.

Der Mensch ist mit vielen Fähigkeiten ausgestattet. Er kann denken. Er kann lernen und sein Wissen ausbauen. Er besitzt Vorstellungskraft. Er möchte sich selbst verstehen und sich anderen mitteilen. Er will schöpferisch sein und das Unmögliche erreichen.

Der Bergsteiger George Mallory berichtet, daß er den Mount Everest nur aus einem Grund bezwingen wollte: Weil es ihn gab! Arbeit gibt dem Menschen die Gelegenheit, sich selbst besser zu verstehen, auszudrücken und weiterzuentwickeln.

Nehmen wir einmal an, jemand schreibt einen Bericht. Dabei lernt er seine persönlichen Grenzen kennen und versteht sich auf diese Weise selbst besser. Sein Denken und Schreiben sind Ausdruck seiner eigenen Persönlichkeit. Diese Bestätigung ermöglicht es ihm zugleich, seine Anlagen weiterzuentwickeln.

In einem berühmt gewordenen kanadischen Experiment teilte man fast 600 Schülern einer Grundschule plötzlich mit, daß ihnen freigestellt sei, am Unterricht teilzunehmen. Außerdem kündigte man ihnen an, daß sie in Zukunft zur Strafe für schlechtes Betragen auf den Spielplatz geschickt würden. Alle Kinder stürzten natürlich sofort dorthin, aber innerhalb von zwei Tagen waren auch alle zurück in ihren Klassen und hielten ihren Stundenplan ein, wenn auch nicht ganz so streng. Sie arbeiteten jedoch nicht weniger, sondern manchmal sogar besser als vorher.

Arbeit ist wie ein Spiegel, in dem man sich selbst erkennen kann. Wenn ein Mensch voller Energie arbeitet, so ist dies ein klares Indiz für seine körperliche und geistige Gesundheit. Im Grunde genommen faßt Arbeit das Wesen eines Menschen zusammen, seine Gewohnheiten, seine Konzentrationsfähigkeit, seinen schulischen und kulturellen Hintergrund, seine Beweggründe und Wertvorstellungen. Sie liefert dem einzelnen einen objektiven Maßstab, der es ihm ermöglicht, seinen Erfolg und seine eigenen Fortschritte zu messen. Fühlt sich zum Beispiel ein Mitarbeiter nicht wohl im Unternehmen, kommt er gewohnheitsmäßig zu spät und verfügt er über keine gute Ausbildung, so wird seine Leistung gering sein. Seine Arbeit spiegelt also alle diese Umstände wider. Er kann, wenn er will, mehr aus sich machen und seine Arbeit wird wiederum zeigen, wieviel er erreicht hat.

Daher sollte er seiner Arbeit so viel Aufmerksamkeit zukommen lassen wie seiner Gesundheit und seinem Wohlbefinden.

Arbeit schützt vor Langeweile und Laster

Arbeit ist so wichtig wie Luft, Wasser oder Nahrung. Wenn ein Mensch ohne Arbeit ist, fühlt er sich gelangweilt, und Langeweile ist die grausamste Strafe, die man jemandem auferlegen kann. Langeweile zerstört einen Menschen körperlich, geistig und seelisch. Sie ist eine stille Art der Folter, doch sie tötet die Seele. Manchmal versucht jemand, der keine Arbeit hat, der Langeweile zu entfliehen, indem er sich anderem zuwendet, beispielsweise dem Glücksspiel. Zuweilen gerät er in Abhängigkeit von Drogen und Alkohol; möglicherweise wird er auch streitsüchtig und aggressiv.

Auch ein einfacher Arbeiter, der seine tägliche Beschäftigung ernst nimmt, erlangt durch sie ein Maß an Zufriedenheit und Ausgeglichenheit. Er ist diszipliniert und fähig, er ist ausgeglichen und nicht überarbeitet. Dagegen fühlt sich ein Arbeiter, der seine Tätigkeit ablehnt, gelangweilt. Er verhält sich dann vielleicht undiszipliniert und entwickelt die verschiedensten Unarten. Er enthält sich selbst jedoch dadurch einen der wesentlichen Bestandteile des Lebens vor, der Zeit und Energie sinnvoll nutzt – Arbeit.

Freizeit wird durch Arbeit verdient

Menschen sehnen sich nach Zufriedenheit, aber sie glauben häufig, daß Arbeit Sklaverei und Freizeit Zufriedenheit bedeutet. Doch das ist eine Täuschung. Ohne Arbeit, die uns fordert, gibt es auch keine wirkliche Freizeit. Freizeit ohne Arbeit bedeutet nichts als Langeweile, die härtester Bestrafung gleichkommt.

Einige Managementexperten sind davon ausgegangen, daß die Menschen in Zukunft immer unzufriedener mit ihrer Arbeit sein werden und ihre Zufriedenheit in Freizeitaktivitäten finden werden. Dieser Gedankengang ist jedoch falsch. Arbeit ist ein wesentlicher Bestandteil des menschlichen Lebens und wer sich im Arbeitsleben gelangweilt, unglücklich und enttäuscht fühlt, wird auch zu Hause unglücklich sein. Der einzelne besteht eben nicht aus einem Privatmenschen und einer ganz anderen Person, die im Berufsleben steht.

Auch hat man herausgefunden, daß ein normaler Mensch über ein gewisses Maß hinaus keinen wirklichen Nutzen aus seiner freien Zeit ziehen kann. Vielmehr verleitet übermäßig viel Freizeit leicht zu einem zügellosen Leben und einem Verlust an Disziplin.

Wenn jeder einzelne der Ansicht zuneigte, es wäre am besten, die tägliche Arbeit zu vermeiden, oder sie zumindest ohne wirkliche innere Teilnahme auszuführen, würde unser wirtschaftliches und soziales Leben zwangsläufig stark beeinträchtigt werden. Es herrschte völliges Chaos.

Die Freude an der Freizeit setzt voraus, daß all die Annehmlichkeiten und Erleichterungen, die uns die moderne Welt bietet, jederzeit verfügbar sind. Falls beispielsweise der Zeitungsbote am Morgen nicht erscheint, die Züge nicht nach Fahrplan fahren und der Postbote die Briefe nicht pünktlich austrägt, wie kann man da seine Freizeit genießen?

Und, was noch entscheidender ist, es kann keine echte Muße geben ohne eine, der individuellen Qualifikation angemessene und leistungsfordernde Arbeit.

Die Beziehung zwischen Arbeit und Freizeit ist ungeheuer vielschichtig und interessant. So hängt der Wert der freien Zeit in hohem Maße von der Intensität der Arbeit ab, die ihr vorausgegangen ist. Je anstrengender die Tätigkeit, um so erfreulicher und befriedigender wird die Muße, die folgt, empfunden.

Bertrand Russell verbrachte als junger Mann gewöhnlich seine Ferien mit Wandern, wobei er bis zu 64 Kilometer pro Tag zurücklegte. Am Abend bedeutete das größte Vergnügen für ihn: sich nur hinzusetzen und auszuruhen – mehr brauchte er nicht.

Wenn man Freizeit genießen möchte, muß man dafür mit Zeiten intensiver Arbeit zahlen. Jemand, der seine tagtägliche Arbeit, so häufig sie sich auch wiederholen mag, mit Pflichtgefühl und Sorgfalt verrichtet, wird durch wirklich befriedigende Freizeit reich belohnt. – Und er schläft gut, während der Faulpelz unter Schlaflosigkeit zu leiden hat.

Wittgenstein, einer der größten Philosophen des 20. Jahrhunderts, war nach seinen Vorträgen stets völlig erschöpft. Er verausgabte sich, stand unter ungeheurer Anspannung. Unmittelbar hinterher stürzte er Hals über Kopf in ein Kino. Er kaufte sich unterwegs noch schnell ein Stück Kuchen, um dann genüßlich kauend den Film von der ersten Reihe aus verfolgen zu können. Er war dann völlig in den Film versunken, selbst wenn dieser ganz trivial und anspruchslos war. Wittgenstein pflegte zu sagen: „Das ist für mich wie eine Dusche!"

Arbeit erfüllt den Drang nach Gemeinschaft

Wir sehen uns stets nach Freunden und Gemeinschaft. Und dieses tiefverwurzelte Bedürfnis existiert weltweit. Arbeit kommt dem entgegen. In Fabriken und Büros stellt sich mehr und mehr auch eine soziale Betätigung dar, weil jeder einzelne Mitglied einer kleinen Arbeitsgruppe ist, in der informelle kollegiale Beziehungen entstehen.

Die Atmosphäre in der Gruppe bestimmt letztlich die Einstellung eines Arbeiters zur Arbeit und den Vorgesetzten. „Kameradschaft ist die Grundlage der Menschheit, und wir sind nur bis zu dem Grade menschlich, in dem wir an der Gemeinschaft mit anderen teilhaben", stellt Ferdinand Zweig, ein scharfer Beobachter der Arbeitswelt, fest.

Wenn jemand pensioniert wird, hat er Verfahren, Prozesse und Zahlen bald vergessen. Was in seinem Gedächtnis haftet, sind die menschlichen Beziehungen, die soziale Atmosphäre und die geselligen Zusammentreffen.

Ein pensionierter leitender Direktor einer Firma erklärte einmal: „Senden Sie mir keinen Geschäftsbericht. Ich bin nicht mehr am Umsatz interessiert. Informieren Sie mich über den Klatsch! Ich vermisse jetzt sogar die Leute, die ich früher nicht ausstehen konnte."

Arbeit schafft Gelegenheit zur Mitbestimmung und Selbstverwirklichung

Unternehmer und Manager sind häufig fassungslos, wenn sie feststellen, daß ihre Leute nicht anständig arbeiten. Selbstverständlich sind sie sehr daran interessiert herauszufinden, wie man sie zu besseren Leistungen motivieren kann.

Von 1927–1932 wurden, um diese Fragen zu klären, die „Hawthorne Experimente" durchgeführt.

Die „Western Electric Company's Factory" in Hawthorne bei Chicago beschäftigte Tausende von Arbeitern. Damals wurde diese Firma wiederholt von Arbeitskämpfen heimgesucht. Die Hawthorne Experimente gelten als Markstein auf dem Feld der Betriebssoziologie. Professor Elton Mayo war beauftragt, die Ursachen für die beobachteten unterschiedlichen Arbeitsleistungen zu suchen.

Bei dem bemerkenswertesten Experiment dieser Untersuchung wurde die Arbeitsleistung von fünf jungen Frauen beobachtet, die ein kleines Telefonteilchen herstellten. Uns interessiert hier die erste Phase des Experiments, die von 1927–1929 dauerte. Es wurde eine Anzahl Veränderungen vorgenommen, um zu ergründen, welche Faktoren die Arbeitsproduktivität der Gruppe beeinflussen. So wurden beispielsweise die Arbeitsstunden verringert, zusätzliche Pausen gestattet, und es wurde extra für die fünf ein Entwurf zu Gruppenakkordarbeit ausgearbeitet.

Die Firma versorgte sie mit kostenlosem Mittagessen und es wurde die 5-Tage-Woche eingeführt. In der Endphase des Experimentes trat eine dramatische Wende ein. Alle Zugeständnisse wurden zurückgenommen! Dennoch gab es wider Erwarten keinerlei Aufregung oder Tumulte, sondern die Produktion nahm sogar weiter zu. Es konnte tatsächlich ein neuer Produktionsrekord verzeichnet werden.

Die Schlußfolgerungen dieses Experimentes sind weitreichend. Es hat überzeugend dargelegt, daß menschliche Bedürfnisse vielschichtig und veränderlich sind. Arbeit ist eine gesellschaftliche Tätigkeit und das Zusammengehörigkeitsgefühl ist von größter Bedeutung.

Der Mensch sehnt sich nach Aufmerksamkeit, Anerkennung und sozialem Rang. Die jungen Frauen hatten sich mit dem Experiment identifiziert. Sie waren außerordentlich stolz auf die Tatsache, daß ihre Arbeit das Thema der Untersuchung bekannter Professoren war.

Jedesmal bevor weitere Veränderungen in den Arbeitsbedingungen vorgenommen wurden, fragte man sie selbst dazu um Rat. Dadurch wurde ihnen die ausgezeichnete Gelegenheit geboten, das Experiment mitzugestalten. Aus den oben genannten Gründen folgt, daß die Zurücknahme der Zugeständnisse keinerlei widrige Auswirkungen auf die Produktion zur Folge hatte. Zudem legten die Frauen besonderen Wert auf die Feststellung, daß sie nicht allein wegen ein paar geringfügiger Zugeständnisse arbeiteten. Die Beteiligung an der Arbeitsplanung und -ausführung kann ein großer Ansporn zur Leistungssteigerung sein, weil jeder danach trachtet, ein wichtiges Mitglied seiner Arbeitsgruppe zu sein.

Arbeit kann Spiel bedeuten

Arbeit kann so interessant wie ein Spiel sein. Ja, es kann sogar nur derjenige, der seine Arbeit freiwillig und gerne ausführt, wirklich glücklich sein.

In einem Gedicht hat Robert Frost diese Gedanken wundervoll zum Ausdruck gebracht. Der Inhalt des Gedichtes in Kürze: Es ist Frühlingsanfang. Die Bäume sind noch ohne Laub, schmelzender Schnee verwandelt die Erde in Schlamm. Draußen im Garten spaltet der Dichter Holz, und er genießt diese Arbeit richtig. Zwei Landstreicher beobachten ihn enttäuscht. Sie haben das Gefühl, er bringe sie damit um Arbeit und Brot. Dies wiederum versetzt den Dichter in eine Zwangslage, da er seine so sehr geliebte Arbeit nicht abgeben möchte.

Sobald Arbeit zum Spiel wird, stürzt man sich mit größter Kraftanstrengung und mit größtem Einsatz in die Aufgabe und bemerkt plötzlich, daß man über bestimmte Neigungen und Fähigkeiten verfügt, die einem vorher nicht bewußt waren. Ein Mädchen beispielsweise, das ohne jeglichen Erfolg studiert hatte, begann mit dem Druckerhandwerk, was sie vollständig fesselte. Sie arbeitete hart, wurde Expertin im Verlagswesen und führte schließlich sehr erfolgreich einen Wirtschaftsverlag.

3. Warum Arbeit eine Quelle der Freude ist

Jeder von uns stellt gern schöne Dinge her, und jeder sehnt sich nach neuen Erfahrungen mit dem Schönen. Sie regen uns an und verleihen uns neue Energie. Schaut man in einer Winternacht zum dunkelblauen Himmel empor, so ist man von dem majestätischen Glanz der Sterne zutiefst bewegt.

Etwas Schönes herzustellen bedeutet bleibendes Glück. Künstler wie Maler, Dichter und Musiker gehen ganz in ihrer schöpferischen Tätigkeit auf und gewinnen große Freude aus ihr. Jedoch sollte man nicht meinen, daß solch ein Glücksempfinden nur für sie möglich ist. Jeder möchte von Natur aus seine Arbeit möglichst gut machen. Und sogar kleine Routinearbeiten können auf ansprechende Weise ausgeführt werden.

In Japan findet man ein umfassendes Streben nach vollkommener Fehlerlosigkeit, nach Sauberkeit und Schönheit. Alles ist fleckenlos rein. – Sogar Abfall wird hübsch verpackt. In einer der großen Maschinenfabriken war die Stimmung in der Gießerei düster und freudlos. Wegen des geschmolzenen Metalls, der beklemmenden Hitze und der stickigen Dämpfe ist es nicht gerade angenehm, dort zu arbeiten. Es gibt keine weiblichen Arbeiter, die einen Ausgleich zu dieser Stimmung herbeiführen könnten. Doch die japanischen Arbeiter legten herrliche Blumenbeete außerhalb der Gießerei an, wo sie sich während der Mittagszeit immer aufhielten. In Japan schätzt man Blumen außerordentlich. Sogar der Taxifahrer hat gewöhnlich eine Vase mit Blumen an der Frontscheibe.

Auch Routinetätigkeiten, einfallsreich und zugleich planmäßig ausgeführt, nehmen Form und Schönheit an. Lord Mountbatten galt als ein äußerst tatkräftiger und systematischer Arbeiter. Als Vizekönig von Indien führte er bei Amtsantritt unzählige Gespräche, um die indischen Verhältnisse verstehen zu lernen. Für diese Unterredungen entwickelte er ein ganz einzigartiges und effektives Verfahren. Nach jedem Gespräch legte er eine 15minütige Pause ein und in dieser Zeit diktierte er eine Zusammenfassung des zuvor stattgefundenen Gespräches. Diese Notizen wurden mit Aktenzeichen versehen und sofort an seine Mitarbeiter weitergeleitet, so daß alle über die neuesten Erkenntnisse unterrichtet waren.

Kurz gesagt: Wenn man sogar einfache Routineaufgaben gut und mit Bereitwilligkeit ausführt, sieht die Arbeit schon viel besser aus. Ein Arbeiter, der seine Werkzeuge ordentlich aufbewahrt, seine Maschinen regelmäßig säubert und mit seinem Rohmaterial sparsam umgeht, schafft eine gute Arbeitsatmosphäre. Es ist eine Freude, ihm bei seiner Tätigkeit zuzusehen. Und er ist glücklich, weil planmäßige Arbeit große Befriedigung verschafft.

Arbeit kann schöpferisch sein

Jeder von uns fühlt sich glücklich, wenn er irgend etwas völlig Neues, Sinnvolles oder Schönes herstellt. Es stimmt einfach nicht, daß nur Wissenschaftler, Techniker und Künstler kreativ sein können. Kreativität ist auf allen Ebenen und auf jedem Feld menschlicher Tätigkeit möglich.

Wenn sich jemand in einer kreativen Stimmung befindet, vergißt er alles um sich herum. Seine Arbeit verleiht ihm die größte Zufriedenheit. Edison arbeitete beispielsweise fünf Tage und Nächte lang an einem Stück, als er sich mit der Entwicklung des Grammophons beschäftigte. Während seiner Erfindungen bekam er niemals mehr als vier oder fünf Stunden Schlaf pro Tag.

Brunel, vermutlich der fortschrittlichste und kühnste Ingenieur der viktorianischen Zeit, lenkte die Arbeit an der „Great Eastern" sogar vom Krankenbett aus, an das er gefesselt war, seit ein Schlaganfall ihn gelähmt hatte. Die „Great Eastern" war sein Traumschiff, sechsmal größer als irgendein anderes seiner Zeit.

Menschen können in unendlich unterschiedlicher Form kreativ sein. Der aus Jugoslawien stammenden Mutter Teresa wurde der Nobelpreis für ihre großartige menschenfreundliche Arbeit in Indien zuerkannt. Jahre vorher war sie bei einem Rundgang durch Calcutta auf eine Frau gestoßen, die unmittelbar vor einem der bekannten Krankenhäuser auf dem Bürgersteig liegend starb. Die Kranke nahm nicht einmal mehr die an ihren Füßen nagenden Ratten und Küchenschaben wahr. Mutter Teresa versuchte ihr Bestes, um sie in irgendeinem Krankenhaus in Calcutta unterzubringen, – vergebens. Daraufhin entschloß sie sich, selbst eine Unterkunft für sterbende Arme zu errichten, – Nirmal Hriday – „der Ort des reinen Herzens", eine einmalige Einrichtung, ein Akt schöpferischen, menschlichen Mitgefühls.

Ein ins Auge springendes Beispiel für Kreativität im Geschäftsleben geben „Marks and Spencer" in England. 1884 als Niedrigpreisgeschäft gegründet, hatte es sich bis 1915 zu einer bekannten, erfolgreichen Einzelhandelskette entwickelt. Simon Marks ging dann 1924 nach Amerika, um die grundlegenden neuen Marketinggedanken kennenzulernen, die den amerikanischen Handel und die Industrie verändert hatten. Er war tief beeindruckt, und als er zurückkam, war er entschlossen, das unternehmenspolitische Ziel seiner Firma anders zu definieren.

Die neuartige Richtung hieß: „Herbeiführung einer sozialen Revolution in England."

Damals herrschte in England strenges Klassenbewußtsein. Kleidung war zu einem deutlichen Klassensymbol geworden. Die oberen Schichten traten elegant auf, während die unteren schäbig gekleidet waren. Marks und Spencer beschlossen, diesen dramatischen Unterschied abzuschaffen, indem sie hochwertige Kleidung im Stil der Oberschicht zu erschwinglichen Preisen für die unteren Klassen herstellten. „Marks and Spencer" gehört heute weltweit zu den größten Einzelhandelsketten.

Kreativität muß nicht auf Spitzenmanagement beschränkt sein. Zum Beispiel führte das Ausstellen der Kundenrechnungen zum Ende des Monats in einer Firma zu einer ungleichmäßigen Arbeitsauslastung. Das Verfahren wurde dahingehend geändert, daß pro Woche je ein Achtel der Kunden ihre Rechnungen erhielten. Dadurch wurde die Arbeitsauslastung gleichmäßig verteilt und jeder Kunde bekam zweimonatliche Abrechnungen. Daraus ergaben sich beträchtliche Einsparungen.

George Krug, ein einfacher Farmer aus Illinois in den USA, leistete einen sehr wichtigen Beitrag zur Entwicklung des neuen Hybriden-Maiskorns, das mittlerweile überall auf der Welt angebaut wird. Er widersetzte sich dem Trend hin zum „schönen Mais" zugunsten einer höheren Ernte. Er vertrat die Auffassung, seinen Pferden und Kühen wäre es völlig gleichgültig, ob die Maiskörner in gleichmäßigen Reihen an den Kolben wüchsen oder nicht. Als er seinen „nicht-so-gut-aussehenden" Mais einem Vertreter der Jury vorlegte, um zu einem Wettbewerb zugelassen zu werden, hätte der ihn fast wieder weggeschickt. Innerhalb von drei Jahren warf diese Sorte jedoch die größten Erträge von 120 verschiedenen Arten ab und wurde bald überall auf der Erde angebaut.

Disziplinierte Arbeit ist im Interesse des eigenen Landes unentbehrlich

Die meisten Menschen möchten gern ihrem Land dienen. Es ist uns nur nicht bewußt, daß die wirkungsvollste Möglichkeit dazu darin besteht, die einem übertragene Arbeit täglich bestmöglich zu erledigen. Und dies ist auch der Hauptgrund, warum die Japaner heutzutage so erfolgreich sind.

Die ehrliche und gewissenhafte Ausführung tagtäglicher Arbeit ist notwendig für das wirtschaftliche Wohlergehen einer Nation.

Mit England, sagt man, geht es allmählich bergab. Seine Straßen werden schäbiger, seine Eisenbahnabteile und Restaurants häßlicher. Das scheint die Folge schwindenden Arbeitswillens zu sein. Die Arbeiter haben sich daran gewöhnt, spätestens alle halbe Stunde eine Teepause einzulegen und eine Stunde vor Dienstschluß ihre Sachen einzupacken.

Vor ein paar Jahren ist geschätzt worden, daß für den Bau eines Schiffes in britischen Werften 19 Monate benötigt werden. Dem stehen 10 Monate in Deutschland, 9 in Schweden und 8 in Japan gegenüber. Mit dem Auftrag für die Überholung der 15.000 Tonnen schweren „Gothic", Britanniens königlichem Luxus-Liner, wurde eine westdeutsche Firma betraut, die schneller und preisgünstiger arbeitete. Man sagt der britischen Nation mittlerweile nach, daß sie nationale Toleranz gegenüber Faulheit und Schlamperei entwickelt hat.

Die nationale Wirtschaft stellt eine Einheit dar. Ineffizienz auf einem Gebiet zieht daher Ineffizienz woanders nach sich. Jeder erwartet natürlich optimale Dienstleistungen von den anderen. Er kann allerdings solche Erwartungen nur aufrechterhalten, wenn er selbst seine Verpflichtungen einhält und seine Aufgaben zufriedenstellend erfüllt. Es ist daher notwendig, immer den bestmöglichen Gebrauch von Wissen, Begabung, Ausbildung, Arbeitsausrüstung, Zeit und Energie zu machen, um die einem übertragenen Aufgaben zu erfüllen. Zudem sollte der Mitarbeiter die denkbar beste Zusammenarbeit mit seinen Arbeitskollegen anstreben. Wenn ein Mensch seine Arbeit sorgfältig ausführt, so dient er damit tatsächlich seiner Familie, seiner Gemeinde und seinem Land.

Die Japaner haben die größte Wirtschaftswachstumsrate der Welt erreicht. Dies ist wohl auf ihre innere Einstellung zur Arbeit zurückzuführen. Sie fühlen sich ihr gegenüber verpflichtet, und diese Verpflichtung ist ihnen heilig. Lassen Sie uns den Text des folgenden Liedes betrachten, das jeden Tag vor Arbeitsbeginn bei „Matsushita" gesungen wird:

Für den Aufbau eines neuen Japans,
Laßt uns unsere Stärke und unseren Willen vereinen,
damit wir unser Bestes zur Steigerung
der Produktion leisten,
Unsere Erzeugnisse in alle Welt versenden,
Ohne Ende und fortwährend,
Wie Wasser aus der Quelle sprudelt,
Wachse Industrie, wachse, wachse, wachse;
Harmonie und Aufrichtigkeit.

4. Wie Arbeit
zur Selbstverwirklichung führt

Der Mensch unterscheidet sich vom Tier

Ein Mensch kann aus verschiedenen Gründen unglücklich sein. Es kann ihn zum Beispiel hart treffen, wenn es ihm an lebensnotwendigen Dingen wie Wasser, Nahrung oder Kleidung fehlt. Doch auch Tiere empfinden dies, wenn es ihnen an Wasser oder Nahrung fehlt.

Es gibt jedoch einen grundlegenden Unterschied zwischen Mensch und Tier. Letztere sind vollauf zufriedengestellt, wenn sie genügend Nahrung bekommen. Menschen aber bleiben unglücklich, auch wenn sie ausreichend verpflegt sind. Sie brauchen zusätzlich Beachtung, Bewunderung, Liebe und vor allem Möglichkeiten der Selbstverwirklichung.

Aber was ist eigentlich Selbstverwirklichung? Es gibt sie in verschiedener Art. Jeder Mensch möchte sein Wissen vergrößern, sein Verständnis vertiefen und erweitern, dabei jedoch auch schöpferisch sein und Verantwortung übertragen bekommen, um mit den Jahren weiser zu werden.

Die Entwicklung des Menschen erfolgt demnach in zwei Richtungen, nämlich körperlich und seelisch, während Tiere sich nur körperlich entwickeln. Wird jedoch das seelische Wachstum eines Menschen verhindert, kann die Entwicklung nicht anders verlaufen als beim Tier. Der Mensch fühlt sich erbärmlich, unglücklich und krank.

In der modernen Welt ist es den meisten Menschen nur möglich, sich während ihrer beruflichen Tätigkeit in der Fabrik oder im Büro weiterzubilden. Es liegt daher im persönlichen Interesse des einzelnen, seiner Arbeit ebensoviel Aufmerksamkeit zu widmen wie seiner Gesundheit. Hat jemand keinerlei Interesse an seiner Arbeit, kann er niemals glücklich sein. Er wird neurotisch. Das wiederum führt zu körperlicher Erkrankung. Im Kern ist dies die berühmte „Motivation-Hygiene"-Theorie von Herzberg, dem bekannten amerikanischen Psychologen.

Wie Arbeit Krankheit heilen kann

Vierundzwanzig Jahre lang, von 1920–1944, war Montagne Norman Präsident der Bank von England. Niemals zuvor hatte jemand für so lange Zeit diese bedeutende Position inne. Dabei war Norman als junger Mann ein seelisches Wrack. Tagelang wollte er niemanden sehen oder er sprach mit keinem Menschen. Im Jahre 1911 hatte er einen Nervenzusammenbruch. Zwei Monate lang war er zu keiner Handlung fähig und konnte sich an nichts erinnern.

Schließlich gelang es, ihn 1913 zu überreden, den Rat des international bekannten Psychoanalytikers Carl Jung einzuholen. Nach einleitenden Untersuchungen empfahl Jung ihm für mehrere Monate absolute Ruhe und anschließend psychoanalytische Behandlung unter seiner Aufsicht. Sein Urteil erschütterte Norman. In einem abgedunkelten Raum lag er völlig gebrochen vier Wochen lang mit rasenden Kopfschmerzen. Die behandelnden Ärzte glaubten, er hätte nur noch einige Monate zu leben.

Ihm wurde geraten, einen anderen Schweizer Spezialisten für Nervenkrankheiten hinzuzuziehen. Es war Dr. Roger Vittoz. Dieser empfahl ihm, sich zielstrebig in seine Arbeit zu vertiefen, die ihn so total forderte, daß in seinem Bewußtsein kein Platz für andere Probleme übrig bliebe. Dies erwies sich tatsächlich als sehr wirkungsvolles Heilmittel. Als Präsident der Bank von England war er vierundzwanzig Jahre lang vollständig von seiner Arbeit eingenommen. Er führte ein sinnvolles Leben und war in all den Jahren körperlich stets in bester Verfassung.

Wer hat im Geschäftsleben Erfolg?

David McClellands Untersuchungen haben gezeigt, daß nur Menschen mit hoher Leistungsmotivation im Geschäftsleben erfolgreich sind. Diese Menschen haben einen unbezähmbaren Drang, sich persönlich ständig weiterzuentwickeln. Es ist für sie eine wahre Leidenschaft, herausragende Leistungen zu erreichen. Diese hohen Erwartungen sind zugleich die Grundlage für ihren geschäftlichen Erfolg.

Solche Menschen verfügen über einige bestimmte Merkmale. Sie sind an hervorragenden Leistungen um der Sache willen interessiert und suchen nach Aufgaben, die Erfolgschancen bieten. Dabei spielt Geld, Macht oder Ansehen für sie nicht einmal die Hauptrolle, wohl aber der Wille, Neues zu schaffen, auch Risiken zu übernehmen und keine Fehlschläge zu scheuen. Sie sind realistisch in der Einschätzung der Möglichkeiten verschiedener Projekte. Sie haben einen größeren Überblick, sehen weit voraus und planen auf lange Sicht. Sie sind mutig und werden auf sehr pragmatische Weise mit schwierigen Situationen fertig. Sie haben die Fähigkeit, durch neue, schöpferische Lösungen ihre Probleme zu bewältigen. Indem sie ihre eigenen Maßstäbe setzen, denken sie unabhängig und aus der Sicht ihrer eigenen Erfahrungen heraus.

Arbeit ist unser bester Lehrmeister

Arbeit ist unser lebenslanger Begleiter und zugleich unser wichtigster Lehrmeister. Es gibt zahlreiche Dinge, die uns nicht durch reine Wissensvermittlung beigebracht werden können. Man kann sie nur durch die Praxis erlernen. Viele Fähigkeiten, wie Schwimmen und Radfahren, kann man ausschließlich durch praktische Übungen erlernen. „Übung macht den Meister" ist eine bekannte Redensart. Ein guter Musiker wird zum Beispiel niemals seine tägliche Übungsstunde auslassen. Eine Schreibkraft kann nur durch ständige Übung ihre Geschwindigkeit beim Tippen erreichen. Übernimmt sie verschiedenartige und schwierige Aufgaben, wird sie noch perfekter. Ihr wahrer Lehrmeister ist die anspruchsvolle Tätigkeit.

Die Arbeit lehrt uns viele Dinge über unsere Aufgaben, unsere Untergebenen und Kollegen, aber weit mehr noch über uns selbst. Arbeit ist ein strenger Lehrmeister, sie schult uns und läßt uns unser eigenes Ich erkennen. Wir verstehen uns selbst besser durch unsere Arbeit, denn in gewissem Sinne kennen wir uns selbst nicht. Nur durch harte und durchgestandene Arbeit erkennen wir unsere eigenen Grenzen und entdecken vorher nicht vermutete Fähigkeiten, persönliche Einstellungen und Erfahrungen in uns selbst. Allein die Arbeit selbst kann uns lehren, wie man sie zu organisieren hat. So ist es eine Kunst zu erkennen, wann gearbeitet werden muß und wann eine Arbeit zu beenden ist.

Professor Galbraiths Vorwort zu seinem berühmten Buch „Der neue Industriestaat" zeigt diesen Gesichtspunkt besonders deutlich. Er begann das Buch 1957, aber veröffentlicht wurde es erst 1967. Er fand, daß sich im vierten oder fünften Entwurf ein impulsiver, unüberlegter Stil in seinem Werk eingestellt hatte. Darum arbeitete er verbissen weiter an dem Thema und versuchte, Inhalt und Stil in Einklang zu bringen. Ein vorläufiger Entwurf kam schließlich 1961 heraus. Aber dann wurde er plötzlich als Botschafter nach Indien berufen. So verwahrte er das kostbare Manuskript im Tresor einer Bank, bis seine Zeit als Botschafter vorüber war. Nun hatte er eine bessere Einstellung zu den Problemen gewonnen, legte daher das frühere Manuskript ganz beiseite und schrieb das gesamte Buch neu.

Ein interessanter Fall aus der Militärgeschichte sollte ebenso erwähnt werden. Ian Hamilton (1853–1947) ist mit Recht berühmt für seine Schriften über Kriegsführung und Verwaltung. Er schrieb mit Klarheit, Verstandesschärfe und in gutem Stil.

Aber seine Führungskunst während des Gallipoli-Feldzugs erwies sich als verheerend. Der Grund dafür war, daß ihm unbedingt notwendige Fähigkeiten fehlten, die einen erfolgreichen Kommandeur ausmachen – innere Überzeugung, grundlegend gesunder Menschenverstand, Urteilsvermögen sowie realistische Einschätzung einer Situation.

Diese Fähigkeiten können nicht vermittelt werden, nicht einmal als vorhanden oder nicht vorhanden erkannt werden, außer auf dem Gefechtsfeld. Es ist nämlich eine Sache, mit kühlem Kopf einen Plan zur Ausführung durch andere zu erstellen und eine völlig andere, im Schlachtgetümmel gelassen zu bleiben und sofortige Entscheidungen zu treffen. Der Unterschied ist etwa so wie auf einem Brett zu gehen, das auf einem Teppich im Wohnzimmer liegt und einem anderen, das über eine hundertfünfzig Meter tiefe Gletscherspalte führt.

Wie Douglas McGregor mit Recht betont hat, werden Führungsqualitäten durch die berufliche Tätigkeit hervorgebracht. Eine Führungskraft lernt am besten, wenn ihr Verantwortung aufgebürdet wird, also bei der Arbeit.

Es ist leicht, aus dem Klassenzimmer oder Seminar heraus gefällige, einfache Lösungen zu komplexen Problemen vorzuschlagen, aber in der Praxis können sich gerade einfache Fragen als widerspenstig erweisen. Wenn ein Unternehmer oder ein Manager eine Gruppe aufgebrachter Arbeiter in einem wilden Streik zu beruhigen hat, lernt er dabei viele neue Dinge. Er muß sofort schalten können, kühl bleiben und überzeugen können. Dies ist ein echter Prüfstein seiner Fähigkeiten.

Arbeit ist eine moralische Verpflichtung

Viele Menschen nehmen nicht zur Kenntnis, daß ihr angenehmes Leben abhängig ist von der Arbeit einiger tausend anderer. Das erste, worauf sich zum Beispiel fast jeder morgens freut, ist eine heiße Tasse Tee oder Kaffee. Diese Tasse Kaffee ist aber bereits das Resultat der Arbeit vieler tausend Menschen. Man muß nur einmal die vielen Dinge betrachten, die das Zubereiten einer Tasse Kaffee erfordert, wie sauberes Trinkwasser, Kaffee, Zucker, Milch, Gas, Kessel, Geschirr, Filter, Löffel und so weiter.

Betrachten wir zunächst die Versorgung mit sauberem Trinkwasser. In Großstädten ist diese nur durch riesige Reservoirs sicherzustellen, die mit großen Kosten verbunden sind und einer regelmäßigen Wartung des gesamten Versorgungssystems durch

Hunderte von Arbeitern bedürfen. Kaffee wächst in weit entfernten Plantagen und er wird für den Konsumenten erst durch ein gewaltiges Beschäftigungsnetz verfügbar.

Man denke weiterhin an die gesamte Maschinerie, die in den Zuckerfabriken erforderlich ist. Die Herstellung dieser Maschinen beinhaltet eine lange Kette von Verfahren und Arbeitsgängen – Kohle- und Eisenerzbergbau, Stahlherstellung und Werkzeugmaschinen, bei denen wiederum Tausende von Arbeitern beschäftig sind. Gleiche Argumente können für die Milchversorgung geltend gemacht werden. Die Herstellung anderer Posten wie Gas, Herd, Geschirr, Löffel usw. erfordern ebenfalls die Dienste von Hunderten von Beschäftigten.

Eine gute Tasse Kaffee ist also das Ergebnis der Arbeit einiger tausend Personen. Aber wir verlangen natürlich viel mehr als nur Kaffee. Unser Lebensstil und unsere Bequemlichkeit hängen ohne Zweifel von der Arbeit vieler hunderttausend Beschäftigter ab.

Die Anzahl der verschiedenen Berufe in den USA wird auf 34.000 geschätzt; das zeigt sehr deutlich das Ausmaß an Abhängigkeit in unserer modernen Welt. Jeder von uns ist höchstens Hersteller von einigen, aber er ist Nutzer vieler Güter und Dienstleistungen. Niemand hat das moralische Recht, die Bereitstellung von Qualitätsgütern und Dienstleistungen zu erwarten, wenn er andererseits nicht dazu bereit ist, eigene Verantwortung als Hersteller von Artikeln oder Dienstleistungen zu übernehmen, sondern statt dessen selbst mangelhafte Ware und schlechte Dienste anbietet.

Jeder kann etwas Bedeutendes beitragen

Volkswirtschaftler behaupten, daß die geistigen Fähigkeiten der Menschen die entscheidende Grundlage für den Wohlstand einer Nation bilden. Dieser menschliche Erfindergeist ist verankert in den entwickelbaren Energien, der Erfahrung, der Begabung, der schöpferischen Kraft und den fachlichen Kenntnissen über die Herstellung von Gütern oder das Angebot an Dienstleistungen.

Es stimmt, daß Menschen unser wichtigster „Aktivposten" sind. Alle leblosen Aktivposten wie Werksanlagen, Maschinen oder Gebäude sind nicht in sich selbst schöpferisch. Nur der Mensch kann sie in einen Entwicklungsprozeß einbinden und nutzbar machen, da er über ein umfassendes Kreativitätspotential verfügt. Die Menschen entwickeln Organisationen, erfinden neue technische Verfahren und Maschinen. Es gibt dabei keine obere Grenze in der schöpferischen Kraft der Menschen. Organisationen können so geplant werden, daß deren Wachstum mit dem der Menschen engstens verbunden ist.

In der modernen Welt fühlt sich der einzelne Mensch oft verloren. Er neigt dazu, ein Gefühl der Bedeutungslosigkeit zu empfinden, so als sei er ein nebensächliches Rädchen in einer gigantischen Maschinerie. In einer Großstadt wie London ist er überwältigt von einem Gefühl der eigenen Nichtigkeit. All das ist unberechtigt, denn jede Gesellschaft braucht Drechsler, Schlosser und Müllarbeiter genau so sehr wie Wissenschaftler und Philosophen. Sie alle verrichten unentbehrliche Arbeiten.

Auch kleine Dinge und Tätigkeiten können zu revolutionären Veränderungen führen

Kleine Fortschritte können große Veränderungen auslösen. Ein paar Blumen können das Aussehen eines Raumes verändern. Die Leistungsfähigkeit eines Unternehmens ist zum Beispiel abhängig von einer Unzahl einzelner Arbeitsgänge, die jeden Tag sorgfältig ausgeführt werden müssen. Wenn die Mitarbeiter all ihre Kraft und Hingabe in jede noch so kleine Teilaufgabe einfließen lassen, um gute Arbeit zu leisten, dann wird diese Firma enorm leistungsfähig sein und dabei ständig expandieren.

Der bekannte Psychologe Abraham Maslow hat gesagt: „Wir müssen lernen, als Menschen vor Stolz zu erzittern, begeisterungsfähig zu sein, ein starkes Gefühl der Selbstachtung zu entwickeln und ein Gefühl der Befriedigung zu empfinden, wenn eine noch so kleine Entwicklung oder ein Fortschritt erzielt worden ist, an dem wir Anteil hatten." Mit Bewunderung führt er den

Fall eines jungen Mannes an, der mehrere Jahre in Mexiko verbracht hat, um tiefe Brunnen zur Trinkwasserversorgung kleiner Dörfer auszuheben. Er hat zwar drei Brunnen graben können, mußte aber eine enorm lange Zeit dafür aufbringen, den Dorfbewohnern klarzumachen, sauberes anstelle des verunreinigten Wassers zu verwenden. Dadurch sind es zwar insgesamt nur drei Brunnen geworden, aber dennoch gaben sie dem Ingenieur ein tiefes Gefühl der Befriedigung.

Charles Darwin hat bewiesen, daß kleine und unbedeutende Schritte, über längere Zeit gesehen, große und entscheidende Veränderungen erzeugen können. Sein letztes Buch handelt von Regenwürmern. Das Thema hatte ihn schon vierzig Jahre lang beschäftigt. Er fand heraus, daß auf jedem Morgen Land der Kreidefelsen nahe Down (England) die Würmer jährlich achtzehn Tonnen Erde nach oben brachten. Was für ein gewaltiges Werk für diese kleinen unbedeutenden Regenwürmer.

Schließlich ist aber doch wohl sogar der stumpfsinnigste Mensch um ein millionenfaches schöpferischer und produktiver als der Regenwurm. Und wenn Menschen stets so eng zusammenarbeiten würden, wie diese kleinen Regenwürmer, dann gäbe es in absehbarer Zeit ein Paradies auf Erden.

Arbeit ist das beste Gegenmittel bei Kummer

Kummer gehört zum Leben der Menschen. Er ist so unvermeidbar wie der Tod. Es ist aber nicht richtig, sich in tiefen Kummer versinken zu lassen zum Beispiel wegen des Todes eines lieben Menschen. Man muß seine Gesundheit schützen, auch in Zeiten tiefster Verzweiflung. In so einer Zeit kann Arbeit erheblich zur Gesundung beitragen. Drogen und Trunkenheit bringen nur kurze Erleichterung, und sie wirken dann schließlich zerstörerisch und entmenschlichend. Die Befriedigung aber, die durch konstruktive Arbeit erreicht werden kann, ist das wahre Gegenmittel gegen Kummer.

In manchen Fällen kann Kummer sogar indirekt ein Ansporn zu ausgezeichneten Leistungen sein. Das scheint auch der Fall gewesen zu sein bei Sir James Thomason (1804–53), der als Fürst unter den Beamten Indiens beschrieben wird. Seine Frau starb früh. Danach schenkte er all seine Kraft und Zuneigung, derer er fähig war, den Menschen, denen er diente. Seine Leistungen, wie der Bau des „Ganges Kanals", sind wunderschöne Denkmäler für seine geliebte Frau.

Arbeit kann Selbstverwirklichung fördern

Die menschlichen Bedürfnisse sind unendlich. Der Mensch wird darum als fortwährend von Bedürfnissen getriebenes Tier bezeichnet, weil er niemals ganz zufrieden ist. Seine Bedürfnisse unterliegen zugleich einem ständigen Wechsel. Wenn er beispielsweise mehrere Tage ohne Nahrung ist, denkt er an nichts anderes als an Essen. Dann kann er sich sogar über Liebe abfällig äußern, aber in dem Moment, da sein Appetit gestillt ist, vergißt er das Essen und beginnt sich auch nach Liebe zu sehnen. Seine vielen Wünsche kann man hinsichtlich ihrer Bedeutung zusammenfassen, wie weiter unten gezeigt wird. Man kann sagen, daß all diese Bedürfnisse, vielleicht mit Ausnahme der Familie, durch Arbeit kompensiert werden können. Arbeit ist für einen Menschen unabdingbar notwendig wie Essen und Trinken. Die menschlichen Bedürfnisse sind:
- Angemessener Verdienst, angenehmes Wohnen, gutes Essen;
- Sicherheit vor nationalen Katastrophen wie Erdbeben, Überschwemmungen, Epidemien und gesellschaftlichen Gefahren, z. B. Anarchie;
- Liebe der Familienmitglieder, Freunde und Kollegen;
- Selbstachtung, das Wissen um die eigene Wichtigkeit, Selbstvertrauen;
- Anerkennung, Bewunderung, sozialer Rang;
- Streben nach mehr Wissen und tieferem Verständnis und
- Selbstverwirklichung, volle Entwicklung der eigenen Persönlichkeit.

Das ist eine vereinfachte Darstellung von Maslows bekannter Motivationstheorie. An der Spitze aller Bedürfnisse steht die

Selbstverwirklichung. Sie ist des Menschen oberstes Ziel. Dabei bedeutet Selbstverwirklichung schlicht und einfach die Entwicklung der eigenen Person im größtmöglichen Umfang. Selbstverwirklichung ist ein fortlaufender und nie endender Vorgang.

Wenn sich jemand sehr um Selbstverwirklichung bemüht, dann widmet er sich ganz seiner Arbeit. Er übernimmt jede ihm übertragene Verantwortung und denkt unabhängig. Er versucht, sich selbst zu ergründen und sein eigenes „Ich" deutlich werden zu lassen. Er ist sich seiner eigenen Gefühle sicher und verbirgt sie auch nicht. Er ist im Umgang mit anderen aufrichtig und direkt. Er würde nie jemandem auf die Schulter klopfen und ihn gleichzeitig innerlich verwünschen. Er ist zwanglos und natürlich im Auftreten, das durch Einfachheit und Natürlichkeit geprägt ist. Er liebt große Anstrengungen, die zur Selbstverwirklichung notwendig sind, weil jeder Schritt vorwärts in diese Richtung für ihn einen Augenblick großer Befriedigung bedeutet. Arbeit wird dann zum Spiel für ihn und er betrachtet sie als persönlichen Gewinn. Andererseits erfordert Arbeit eine besondere Planung, damit sie Gelegenheit zur Selbstentwicklung und Selbstverwirklichung schafft. Dies ist eines der grundlegendsten Probleme, denen sich Unternehmen heute gegenübersehen.

5. Warum Menschen Arbeit ablehnen

Arbeit ist ein wichtiger Teil des menschlichen Lebens. J. A. C. Brown, ein bekannter Psychologe, hat die zentrale Bedeutung der Arbeit im Leben des Menschen mit folgenden Worten zusammengefaßt:

„Arbeit ist ein entscheidender Punkt im Leben des Menschen, weil sie ihm eine soziale Stellung verleiht und ihn an die Gesellschaft bindet. Üblicherweise lieben Männer und Frauen ihre Arbeit, und das war zu fast allen Zeiten so. Ist dies nicht der Fall, so ist der Grund eher bei den psychologischen und sozialen Bedingungen der Arbeit als bei dem Menschen selbst zu suchen. Arbeit stellt das Bindeglied zwischen dem einzelnen und seinen Mitmenschen dar. Ohne Arbeit ist der Mensch isoliert. Daher möchte er normalerweise gerne arbeiten und der Gesellschaft dienen. Aus diesem Grunde ist es notwendig zu untersuchen, warum Menschen trotzdem sehr häufig ihre Arbeit nicht mögen, ja, sie fast hassen."

Zergliederung von Arbeitsprozessen

Wenn Arbeitsprozesse bis ins kleinste unterteilt sind, so besteht keinerlei Ventil für die Anwendung menschlichen Könnens, Wissens und menschlicher Vorstellungskraft. Der Mensch wird zu einem bloßen Rädchen in einem gewaltigen, komplizierten und seelenlosen Getriebe. Er fühlt sich anonym. Er wird zu einem reinen Werkzeug, erkennbar nur an der Nummer auf dem Schildchen seiner Kleidung. Zunehmende Unterteilung und Normierung von Arbeit können die folgenden schwerwiegenden Konsequenzen nach sich ziehen:

Persönliche Beziehungen zur Führungsmannschaft werden immer schwächer und indirekter. Der Mitarbeiter hat immer nur mit einem kleinen Ausschnitt des gesamten Arbeitsvorganges zu tun und verliert das Gefühl, eine Tätigkeit wirklich zu Ende geführt zu haben. Zudem vermißt er die Mitwirkung, weil er ja, bis ins kleinste, immer nur Anweisungen auszuführen hat. Seine wesentlichen Fähigkeiten als Mensch spiegeln sich nicht in der ihm zugewiesenen Arbeit wider.

Es ist festgestellt worden, daß diese Arbeitszergliederung sowohl zu Ermüdungserscheinungen als auch zu physiologischen und neurologischen Schädigungen führt. Der Mensch kann nicht nach seinem eigenen Rhythmus tätig sein. Oft erhöht sich seine Zufriedenheit genau in dem Maße, in dem er komplexere Aufgaben erfüllen kann; ein Aspekt, der häufig von denen übersehen wird, die die Arbeitsabläufe gestalten. Er leidet unter Interessenlosigkeit und Frustration, und er ist seelisch und körperlich beeinträchtigt.

Wird der Mensch, der ein wundervolles „Mehrzweckwerkzeug" darstellt, für die Erledigung nur einer Tätigkeit benutzt, so bedeutet dies die Beeinträchtigung seiner natürlichen, schöpferischen Leistungsfähigkeit. Darauf weist Peter Drucker hin, und er führt weiter aus: „Das traditionelle Fließband ist nur ein Teil reinen Technikdenkens. Die Regeln der zwischenmenschlichen Beziehungen, wie auch die schöpferische Leistungs- und Ertragsfähigkeit ignoriert diese Einrichtung."

Die Teilung der arbeitenden Bevölkerung in zwei unterschiedliche Gruppen, Arbeiter und Planer, hat verheerende Folgen. Erstens kann kein vernünftiger Teamgeist auf der Basis solcher Klassenunterschiede entstehen. Und zweitens, falls am „grünen Tisch" geplant wird, ohne Berücksichtigung der praktischen Umsetzung, kann die „Mitwirkung der Arbeiter an Existenz und Wachstum der Firma" nicht gewährleistet werden. Diese Einteilung ermöglicht ihnen keine kreative Beziehung zur Arbeit.

Außerdem ist das Prinzip der Arbeitsteilung und -vereinfachung dem Gesetz vom abnehmenden Ertragszuwachs unterworfen. Die zunehmende Zergliederung bedeutet für den Mitarbeiter einen deutlichen Verlust an Vielseitigkeit, Sinn und Nutzen seiner Arbeit. Arbeitsteilung bedingt wiederholte Arbeitsunterbrechungen, und diese lassen ein Gefühl von Frustration und Langeweile entstehen. So haben psychologische Untersuchungen folgendes ergeben: Sobald wir innerlich eng mit einer Aufgabe verbunden sind, werden in uns emotionale Energien mobilisiert, die anschließend schnell umgesetzt werden.

Nur Arbeit, die eine ganz bestimmte, umfassende Struktur besitzt, bei der zum Beispiel auch die Fertigstellung Teil des Arbeitsprozesses ist, kann die gesamte gefühlsmäßige Energie, die zu Beginn jeglicher Tätigkeit frei wird, voll ausschöpfen.

Die wissenschaftliche Unternehmensführung läuft aber auf viele ungelernte und angelernte Tätigkeiten hinaus. Die Arbeiter, die diese ausführen, haben kaum jemals eine Aufstiegsmöglichkeit. Diese erzwungene Immobilität wirkt sich in verschiedener Hinsicht nachteilig aus. Erstens erwächst aus der Aussichtslosigkeit auf Beförderung Enttäuschung. Zweitens werden die Fähigkeiten eines einzelnen Arbeiters niemals voll ausgeschöpft, was einer Vergeudung gleichkommt. Von allen Produktionsquellen ist die menschliche die kostbarste.

Verschiedene Gründe für Unzufriedenheit

Es kann viele Gründe dafür geben, daß man seine Arbeit nicht mag. Vielleicht wiederholt sie sich fortwährend und ist langweilig. Sie kann auch sehr hart, oder, wie im Bergbau, sehr gefährlich sein. Vielleicht gibt es keinerlei eigenen Handlungsspielraum oder Vorgesetzte verhalten sich beleidigend. Möglicherweise sind die Löhne zu niedrig und die Arbeitsstunden zu hoch. Gute Arbeit wird unter Umständen nicht anerkannt und es wird im Unternehmen hinsichtlich Beförderung Vetternwirtschaft betrieben. Man hat vielleicht auch nicht die Ausbildung, das Wissen oder die Befähigung, die angewiesene Aufgabe zu erfüllen. Ein Maschinenwart hat einmal seiner Verbitterung mit folgenden Worten Ausdruck verliehen:

„Es ist sinnlos, bei einer Zwölf-Stunden-Schicht die Nerven zu verlieren. Viele von uns sind irgendwie psychisch verkrüppelt und kontaktunfähig geworden. Wir scheinen uns abgekapselt zu haben ... Der eine redet kaum mit dem anderen ... Das einzige, worüber wir sprechen können, ist unsere Wut, unser Ärger darüber, wie Dreck behandelt zu werden, austauschbar zu sein, als Gegenstand benutzt und wieder weggeworfen zu werden. ... So eine Fabrik ist doch ein Werkzeug sozialer Erniedrigung ...“

Entfremdung

Dieses Konzept, das von Karl Marx entwickelt wurde, ist sehr verworren und philosophisch angelegt. Einfach ausgedrückt wird die Ansicht vertreten, daß sich im kapitalistischen Produktionssystem der Arbeiter nur als Sklave fühlt. Spezialisierung entmenschlicht. Der Mensch ist zu einer Art Krüppel geworden, da er seine Fähigkeiten nicht voll einsetzen kann.

Im Kommunismus jedoch, wo der Mensch sich als frei empfindet, bedeutet Arbeit, laut Marx, Ausdruck des Lebensgefühls. Sie ist die Frucht der physischen und geistigen Kraft eines Menschen. Durch diese Arbeit entwickelt er sich erst vollständig, und er erlangt mit ihrer Hilfe Selbstverwirklichung.

Im Gegensatz dazu wird, nach Marx, im Kapitalismus der Mensch seinen schöpferischen Kräften entfremdet. Er kann sie nicht in seiner Arbeit anwenden, die starr organisiert ist. Er muß Dinge herstellen, zu denen er keine Beziehung hat und Maschinen bedienen, die er verabscheut. Er muß in einer Organisation arbeiten, die er als bedrückend ansieht. So entfremdet er sich von sich selber, seinem Erzeugnis, seinen Maschinen, den Arbeitsverfahren und dem Unternehmen. Er verliert sein Wertgefühl und letztlich das Interesse an Leben und Arbeit. Die Fabrik bedeutet für ihn ein Gefängnis, wo er keinerlei Begeisterung für seine Arbeit aufbringen kann.

Gewerkschaften und Machtkampf

Aus verschiedenen Gründen organisieren sich Arbeiter in Gewerkschaften, deren Hauptaufgabe in der Sicherung der Arbeitsplätze, anständiger Arbeitsbedingungen und höchstmöglichen Lohnes liegt. Allmählich wollen sie aber auch Einfluß auf die Unternehmensführung nehmen – die Folge könnte ein Machtkampf sein.

Im allgemeinen verfolgt die Gewerkschaft dann die Strategie, sich der Unternehmensleitung entgegenzustellen. Diese Art der Opposition kann in unterschiedlichster Form auftreten, beispielsweise als Dienst nach Vorschrift, Warnstreik oder anhaltender Streik. Der Einfluß der Gewerkschaftspropaganda zielt dann darauf hin, den natürlichen Drang nach Arbeit zu zügeln. Häufige Arbeitsniederlegungen führen dazu, daß das Interesse an der Arbeit verloren geht.

Regelmäßige und systematische Arbeit erfordert sowohl Disziplin als auch Selbstkontrolle und vernünftige Lebensführung. Arbeit muß regelmäßig ausgeübt werden, andernfalls entsteht ihr gegenüber ein Widerwille. Verhaltensweisen entwickeln und formen sich unter dem Druck sozialer Erwartungshaltungen. Falls nun die Mehrheit der Bevölkerung Arbeit als Sklaverei ansieht, wird sie sie natürlich vernachlässigen. Sie beginnt zu glauben, daß ihre Interessen durch die Forderung nach kürzerer Arbeitszeit vertreten werden.

Mißtrauen und Disziplinlosigkeit

In jedem Unternehmen, gleich ob im Kapitalismus oder Sozialismus, werden jederzeit und auf allen Ebenen Konflikte ausgetragen. Häufig liegt ein Arbeiter sich mit seinem Vorarbeiter, demjenigen, der den Akkord festsetzt, dem Mechaniker, dem Lagerverwalter oder mit einigen seiner Arbeitskollegen in den Haaren. Die folgenden interessanten Beobachtungen hat ein Arbeiter eines Arbeiterstaates (Ungarn) gemacht:

„Die Idee des Leistungslohns fand ich zunächst interessant . . .
Ein ungarischer Experte der Betriebswissenschaft behauptete,
daß Leistungsentlohnung die ideale Form sozialistischer Entloh-
nung sei.

Akkordlohnsätze stellen sich jedoch nur als Ausdruck typi-
schen Managementdenkens heraus. Derjenige, der die Akkord-
sätze festlegt, kann nicht anders als eine Zeitdauer vorzugeben,
die eine übermenschliche Anstrengung erfordert . . . Unsicherheit
ist daher die allein treibende Kraft jeder Leistungsentlohnung. Sie
jagt uns erbarmungslos jede Minute des Tages . . . Die Betriebs-
zeitung läßt sich in aller Breite in moralisierenden Statistiken darüber aus, wie Arbeiter ihre Zeit verschwenden. Wer aber fragt
denn danach, wieviel Zeit in den Büros benötigt wird, um solche
Zahlen auszubrüten? Es wird nie erörtert, wie Direktoren ihre
Zeit nutzen und wie hart sie arbeiten.

Sie (die Vorarbeiter) sind hier die Könige. Sie haben uns alle in
der Hand . . . Es gibt einen Tarifvertrag, fast jeder weiß das, aber
niemand kann genau sagen, was er enthält. Die allgemeine Ansicht ist: Mit dem Quatsch habe ich nichts zu tun. Es ist sehr
schwierig, an zwei Maschinen zugleich zu arbeiten, gefährlich
und ermüdend. Man kann nicht zwei Maschinen beherrschen,
man wird von ihnen beherrscht. Sie verschlingen das Rohmaterial
und spucken das fertige Produkt aus . . . Daher gibt es nicht die
Spur einer Pause . . . Ich verwandele mich in eine sinnlose, dumme Maschine."

Mangel an Energie

Mangelndes Interesse an der Arbeit, Teilnahmslosigkeit und
Faulheit können auf fehlende Energie, entnervende Atmosphäre,
unzulängliche Ernährungsweise und physische sowie seelische
Krankheit zurückgeführt werden. Faulheit ist oft Ermüdung
und Mangel an Energie. Dies ist von großer praktischer Bedeutung.

Wenn jemand nicht mit dem mindesten Eifer bei der Arbeit ist,
dann sollte man vor allen Dingen die Aufmerksamkeit auf seine

Gesundheit richten. Zum Beispiel beeinträchtigen wenig Schlaf oder fehlender Appetit ernstlich die Schaffenskraft von jedem von uns.

Der Mensch ist immer aus dem einen oder anderen Grund unzufrieden

In der Industrie ist daher Frustration weit verbreitet, und ein enttäuschter Mensch verliert normalerweise das Interesse an der Arbeit. Frustrationen können direkt in der Arbeit selbst begründet sein. Sie können ebenso mit dem privaten oder innerbetrieblichen Leben eines Arbeiters zusammenhängen. Falls seine Beschäftigung zu einfach, monoton und ohne jede Abwechslung ist, so könnte diese Unzufriedenheit auslösen. Andererseits wird er ähnliches empfinden, wenn die Arbeit zu schwierig für ihn ist und seine Fähigkeiten übersteigt. Auch wenn er keine angemessene Ausbildung und Anleitung erhält, fühlt er sich niedergeschlagen und mutlos.

Ähnlich verhält es sich, wenn das außerbetriebliche (familiäre) Leben eines Arbeiters unglücklich ist. Dann ist er vielleicht nicht in der Lage, sich auf seine Tätigkeit zu konzentrieren.

Was nun seine Arbeit anbelangt, so kann der Mangel an Chancen auf Beförderung und Weiterkommen die Quelle akuter Unzufriedenheit werden. Mitarbeiter sind zutiefst enttäuscht, wenn ihre gute Leistung von den Kollegen und dem Management nicht entsprechend anerkannt wird.

Arbeit ist eine Gruppentätigkeit. Von größter Bedeutung ist daher die Bildung von homogenen und kollegialen Gruppen. Ist die Atmosphäre freundlich und positiv, kann sogar monotone Arbeit gutgelaunt erledigt werden.

6. Warum Streiks
ein vielschichtiges Phänomen sind

Streiks stellen ein komplexes Phänomen dar

Streiks sind eine soziale Erscheinung von großer Vielschichtigkeit. Es ist sehr schwer, sie zu analysieren. Sogar die Arbeiterführer, die einen Streik organisieren, kennen unter Umständen nicht die genauen Ursachen für einen Streik. Die Masse der Arbeiter aber hat nicht einmal eine verschwommene Vorstellung von ihnen. Ebenso ist das Ende eines Streiks oft in Geheimnisse gehüllt. Es mag zwar etwas mit Lohnforderungen, betriebsbedingten Entlassungen und ähnlichen Problemen zu tun haben, in Wirklichkeit jedoch können die Gründe noch ganz woanders liegen. Eine britische Fabrik wird durchschnittlich jeden 5. Tag bestreikt. Einmal hatte man versehentlich in der Autoindustrie Lohnstreifen verwechselt. Dadurch fand ein gelernter Arbeiter heraus, daß er schlechter entlohnt wurde als ein ungelernter. Das Ergebnis war ein spontaner Streik.

Eines ist offensichtlich: In demokratischen Ländern nehmen die Streiks zu. Es gibt verschiedene Arten, zum Beispiel: örtliche, nationale, Sitz-, Blitz-, Warn-, Sympathie-, organisierte und wilde Streiks. Als Ursachen werden unterschiedliche Erklärungen angeboten, die wir in diesem Kapitel kurz erörtern wollen.

Fälle, die sich auf Lohn, Arbeitszeit und Entlassungen beziehen

Solche Streiks können auf eine Firma, eine Firmengruppe oder einen Industriezweig begrenzt sein. Ihr Hauptzweck ist, die entsprechende Position der Arbeiter einer Firma oder eines Industriezweiges hinsichtlich Lohn- und anderer Arbeitsbedingungen zu wahren oder zu verbessern. Wenn Lohnerhöhungen von einem Industriezweig zugestanden werden, so hat dies eine Signalwirkung für die anderen Industriezweige. Daher ist es fast unmöglich, Stabilität und Frieden an der Lohnfront zu sichern. Es herrscht stets ein gewisses Maß an Unzufriedenheit.

Organisatorisches Durcheinander

Jede Gesellschaft leidet unter Entropie, die man auch grob als Tendenz zur Unordnung umschreiben kann. Überläßt man es sich selbst, so verfällt auch ein Unternehmen allmählich, und akute Probleme können auftauchen, die dann plötzlich in einen Streik münden.

Man kennt vielerlei Gründe für organisatorischen Verfall. Es gibt in jedem Unternehmen irgendeine Meinungsverschiedenheit, einen Reibungspunkt. Die Arbeiter sind vielleicht mit der Lohnstruktur, der Instandhaltung der Anlagen oder der Haltung des Aufsichtspersonals unzufrieden. Auch Aufgaben und Verantwortlichkeiten sind vielleicht nicht klar definiert, was ebenfalls zur Verwirrung und Auseinandersetzungen führen kann. Möglicherweise fehlt es der Firma an der nötigen Begeisterung und Energie, um sich veränderten Marktbedingungen und technologischen Neuerungen anzupassen. Die innerbetriebliche Disziplin kann sich dadurch verschlechtern, und als Folge interner Streitigkeiten könnte man die grundlegenden Unternehmensziele aus den Augen verlieren. Treten diese Faktoren in geballter Form auf, so ergibt sich ein schrittweiser Produktivitätsverlust und Unruhen lähmen das Unternehmen.

Soziologische Theorien

Aus soziologischer Sicht wird von einer Denkschule die Meinung vertreten, die Technik bestimme die Muster und Strukturen der Beziehungen zwischen den Tarifpartnern. Größere technologische Veränderungen bringen weitreichende Folgen für das Leben der Arbeitnehmer mit sich. Auch gut ausgebildete Mitarbeiter können plötzlich Ansehen und Arbeitsplatz verlieren. Beispielsweise haben Setzer mit der Einführung des Photosatzes ihre Bedeutung verloren und wurden um ihre Stellung gebracht, was für die Branche verhängnisvoll war. Technologische Neuerungen können daher zu größeren Streiks führen.

Marx' Konzept der Entfremdung ist bereits an anderer Stelle erwähnt worden. Der Arbeiter fühlt sich seiner Arbeit, seinen Kollegen, seiner Fabrik und den Erzeugnissen gegenüber entfremdet. Seine Freiheit ist eingeschränkt, und er kann seine Persönlichkeit nicht entfalten. Folgen dieser Unterdrückung sind Aufruhr und eine Flut von Streiks. Dieser Denkschule zufolge bedeutet Streik Protest gegen das gesamte Produktionssystem als einer Form von Sklaverei.

Es ist auch tatsächlich zu beobachten, daß manche Mitarbeiter sich nichts aus Selbstverwirklichung machen und sich auch nicht mit Konzepten wie dem der Entfremdung im Sinne von Marx herumquälen. Im Gegenteil, sie vertreten die Anschauung, dies seien keine wichtigen Probleme, was wirklich zähle, sei Geld!

Entfremdung besteht bis zu einem gewissen Grad eigentlich in jedem Produktionssystem, gleichgültig, ob nun kapitalistisch oder sozialistisch.

Eine andere soziologische Erklärung für das Phänomen von Streiks besteht in mangelnder sozialer Ordnung, das heißt, es handelt sich um eine Gesellschaft, in der die Normen zur Steuerung sozialen Verhaltens fehlen. Ein Unternehmen stellt ein organisches System dar. Es kann gut funktionieren, sofern sich alle Teile reibungslos ergänzen. Bestimmte Werte, Regeln und Verhaltensweisen müssen daher von allen Beteiligten akzeptiert werden.

Das Gegenteil aber ist oft der Fall: Es herrscht eine bedenkenlose Konkurrenz um Löhne, was wiederum die Inflation begünstigt. Die nationalen Interessen oder die Interessen der wirtschaftlich schwächsten Bereiche werden in keiner Weise berücksichtigt. Die vorherrschende Gesinnung ist: „Macht geht vor Recht". – Zweifellos ist diese Erklärung teilweise sogar richtig.

Streik als Machtkampf

Streiks lassen sich noch treffender als Machtkampf zwischen Unternehmensleitung und Gewerkschaften, zwischen rivalisierenden Gewerkschaften, Gewerkschaftsbossen und dem „Fußvolk" oder zwischen Gewerkschaften und Regierung beschreiben. Man sagt, daß Macht die vorherrschende menschliche Leidenschaft sei und Machtkämpfe daher nie ein Ende finden.

Streiks und der Arbeitnehmeranteil am Volkseinkommen

Es wird behauptet, daß Streiks Mittel seien, durch die sich der Anteil der Arbeitnehmer am Volkseinkommen erhöhen läßt. Wirtschaftswissenschaftler sind sich über diesen Punkt allerdings nicht einig. Einige halten daran fest, daß der Anteil der Arbeitnehmer am Volkseinkommen annähernd konstant geblieben ist. Samuelson, Nobelpreisträger für Wirtschaftswissenschaften, vertritt die Auffassung, daß der Ausgang von Tarifverhandlungen im Grunde unbestimmt sei. Die Gewerkschaften seien nicht in der Lage gewesen, den Anteil der Arbeitnehmer am Volkseinkommen wirklich zu erhöhen. Zweifellos wurden die Löhne erhöht, jedoch letztlich aufgrund gestiegener Produktivität.

Einige marxistische Wirtschaftswissenschaftler meinen, daß sinkende Rentabilität die entscheidende Ursache für den wachsenden Arbeitskampf im Vereinigten Königreich sei. Sie deuten diese Situation als Bedrohung des Kapitalismus und betonen nachdrücklich die Notwendigkeit einer umwälzenden Änderung des Wirtschaftssystems. Es sollte jedoch darauf hingewiesen werden, daß es keine Garantie dafür gibt, daß Arbeiter in einem sozialistischen Wirtschaftssystem einen größeren Anteil am Volkseinkommen haben. Eines ist jedenfalls sicher: Sie verlieren die Freiheit, gegen das System angehen zu können.

Streiks und das Gesetz

Streiks sind die Sicherheitsventile einer Gesellschaftsordnung. Ein gesetzliches Verbot von Streiks ist selten wirksam. Es könnte nämlich, falls dieses Sicherheitsventil geschlossen ist, zu einer plötzlichen Explosion kommen. Daher können gesetzliche Sanktionen bei der Lösung von Arbeitsstreitigkeiten nur eine begrenzte Rolle spielen. Beispielsweise erwies sich das British Industrial Relations-Gesetz 1972 als absolut unwirksam. Man hatte 1972 vier britische Dockarbeiter ins Gefängnis geworfen, weil sie gegen dieses Gesetz verstoßen hatten. Daraufhin beschloß der Gewerkschaftskongreß, einen 24stündigen Generalstreik auszurufen. Dieser Beschluß zwang nun tatsächlich das Gericht, die Dockarbeiter freizulassen.

Schlußfolgerung

Manche Streiks können von Nutzen sein. So können sie schwerwiegende Funktionsmängel im Unternehmen aufdecken. Viele Streiks könnten allerdings vermieden werden, wenn beide Seiten aufeinander Rücksicht nähmen und sich ihrer sozialen Verantwortung bewußt wären. Falls die Waffe Streik allerdings wahllos benutzt wird, so kann sie unbeschreiblichen Schaden anrichten – besonders bei den Arbeitern selbst. Speziell in Entwicklungsländern bürden Streiks und Aussperrungen den dürftigen ökonomischen Ressourcen des Volkes eine schwere Last auf.

7. Mitwirkung – Vorteile und Nachteile

Signifikanz der Hawthorne Experimente

Die im 2. Kapitel bereits angesprochenen Hawthorne Experimente waren Anlaß zu endlosen Diskussionen. Aber ein wesentliches Ergebnis der Studie ist, daß die teilnehmenden jungen Frauen sich letztlich mit dem Experiment identifizierten.

Was ist Mitwirkung?

Wenn sich zwei oder mehrere Personen bei der Erstellung bestimmter Pläne, Zielsetzungen oder Entscheidungen beeinflussen, dann findet Mitwirkung statt. Wenn der Leiter einer Gruppe Entscheidungen zu treffen hat und seine Arbeitskollegen zu Rate zieht, so ist das Mitwirkung. Mitwirkung bedeutet also für den Mitarbeiter, bei den Aktivitäten der Gruppe eine wichtige Rolle zu spielen.

Psychologen haben eine Reihe von Studien durchgeführt, um die Effekte der Mitwirkung herauszufinden. In allen Untersuchungen hat sich gezeigt, daß Mitwirkung sowohl zu größerer Zufriedenheit bei der Arbeit als auch zu höherer Produktivität geführt hat.

Warum Mitwirkung von Vorteil ist

Sobald jemand Vorschläge unterbreitet und seinem Rat Beachtung geschenkt wird, fühlt er sich bedeutend. Seine Selbstachtung steigt. Daraufhin strengt er sich natürlich weiterhin ganz besonders an. Wenn Mitglieder einer Gruppe bei der Erfüllung der Aufgaben mitwirken dürfen, zieht die gesamte Gruppe wiederum den Vorteil aus dem gemeinsamen Wissensstand, der Erfahrung und den gemeinsamen Fertigkeiten. Überflüssiger Konfliktstoff wird vermieden und die gemeinsame Aufgabe wird bestmöglich erfüllt.

Psychologen haben nachgewiesen, daß mit dem Übergang von der Kindheit zum Erwachsensein der Mensch auch versucht, von der passiven Seite zur aktiven zu wechseln. Ein Kind kann vielleicht nicht viel Eigeninitiative zeigen, es ist noch abhängig von anderen. Ein Erwachsener dagegen haßt eine solche Abhängigkeit. Er möchte unabhängig denken und agieren. Er möchte auch als Gleichberechtigter behandelt werden. Er will sich mit brauchbaren Beiträgen beteiligen können und dabei auch Anerkennung gewinnen. Er hat den Wunsch, sich selbst zu entfalten. All das ist möglich, sofern eine Gelegenheit zur Mitwirkung in einer Firma gegeben wird.

Umfang der Mitwirkung

Mitwirkung ist deshalb also wünschenswert, hat aber ihre Grenzen. Nicht jeder Mitarbeiter verfügt über die gleichen Fähigkeiten. Darüber hinaus wird bei zu starker Beteiligung früher oder später ein Punkt erreicht, an dem es zu Leistungsschwund kommt. Ähnlich ist es, wenn einem Arbeiter eine zu große Verantwortung aufgetragen wird, die er nicht erfüllen kann. Er kann dann Versagensangst haben und sich frustriert fühlen. Darum muß der Grad der Mitwirkung sorgfältig reguliert werden, so daß bestmögliche Resultate erzielt werden können.

Gewerkschaften und Mitwirkung

Die vorhergehende Erörterung bezog sich auf die Mitwirkung des einzelnen. Die Hauptfrage aber ist, ob eine Gewerkschaftsbeteiligung der Unternehmensleitung nützlich und möglich ist. Dieses Problem ist umstritten und wird auch von Experten äußerst unterschiedlich bewertet.

Einige Experten sind der Auffassung, eine Gewerkschaft könne und solle sich nicht an der Unternehmensleitung beteiligen. Ihre Argumentation lautet folgendermaßen: Gewerkschaften müssen unabhängig sein. Ihre größte Verpflichtung liegt darin, die Interessen des Arbeiters zu verteidigen und zu unterstützen. Sie haben darum dem Unternehmen gegenüber als eine Art industrielle Opposition zu agieren. Sobald aber die Gewerkschaften aktiv teilnehmen und für Aufgaben zum Beispiel des Managements Verantwortung übernehmen, verlieren sie ihre Unabhängigkeit. Auch haben Gewerkschaften keine Qualifikationen oder Erfahrungen, die gefordert sind, um Großunternehmen zu führen. Eine Mitwirkung der Arbeiterschaft im Management kann dazu führen, daß die Interessen der Arbeiter unterdrückt werden und die Gewerkschaften sich spalten. Daher ist es von größter Wichtigkeit für beide Seiten, ihre Unabhängigkeit beizubehalten und den Mechanismus von Tarifverhandlungen weiterhin zu nutzen, um Fragen von gemeinsamem Interesse zu klären.

Möglichkeiten der Mitwirkung

Fürsprecher der Mitwirkung weisen diese Gesichtspunkte zurück. Sie argumentieren folgendermaßen: Die Analogie zu einer demokratischen Regierung, einer regierenden Partei und einer Oppositionspartei ist in diesem Fall irreführend. In einer Demokratie kann die Opposition durchaus irgendwann die regierende Partei sein, aber die Gewerkschaften können niemals das Management übernehmen. Es ist daher auch nicht richtig, davon auszugehen, daß Gewerkschaften immer das Management bekämpfen.

Darüber hinaus haben Gewerkschaften sehr wohl die erforderlichen Fachkenntnisse, um zur Lösung von Führungsproblemen beitragen zu können. In Israel haben Gewerkschaften bereits Industriebetriebe erfolgreich geleitet. Es gibt eine ganze Reihe gemeinsamer Problembereiche, die durch Mitwirkung gelöst werden können. In Deutschland haben Gewerkschaften wirkungsvoll Mitbestimmung im Management praktiziert, ohne dabei ihre Unabhängigkeit zu verlieren.

Grenzen der Mitwirkung

Wenn Mitwirkung Erfolg haben soll, müssen ihre Grenzen genau beachtet werden. Man erörtert sie am besten nach drei Gesichtspunkten:
(1) das Kriterium personelle und organisatorische Präferenzen;
(2) das Kriterium Kompetenz und
(3) das Kriterium Wirtschaftlichkeit.

Auswahl der Belegschaft

Wie wir bereits festgestellt haben, kann Mitwirkung zu größerer Befriedigung im Beruf führen. Arbeiter besitzen Intelligenz und Vorstellungskraft und haben damit zweifellos eine beachtliche Führungsfähigkeit. In den meisten Unternehmen bleibt diese Quelle des Volksvermögens unangetastet. Mitwirkung zielt aber darauf ab, diese verborgenen Ressourcen nutzbar zu machen.

Arbeit schließt Meinungsbildung und Meinungsäußerung durch Untergebene ein, wie eng sie auch immer kontrolliert und überwacht sein mögen. Die Möglichkeit vernünftiger Meinungsäußerung hängt weitgehend vom Kooperationsgeist in einem Unternehmen ab. Ist dieser Geist nicht vorhanden, so kann die Arbeit aus Protest leicht und raffiniert untergraben werden. Ein Koch kann beispielsweise immer eine extra Messerspitze Salz hinzugeben oder den Tee zu stark kochen; beides verursacht bereits Unannehmlichkeiten. Ein Telefonist könnte auf die Idee kommen, wichtige Telefonverbindungen zu unterbrechen. Mitwirkung ist darum auch eine Möglichkeit, sich der Kooperation der Mitarbeiter zu vergewissern.

Aber es gibt eben Grenzen hinsichtlich des Umfangs der Mitwirkung. In einem großen Unternehmen können nur einige Arbeiter effektiv im Management mitwirken. Ein einfacher Arbeiter kann zum Beispiel ausschließlich im Rahmen der Aktivitäten innerhalb der Werkstatt mitwirken. Er wird voraussichtlich weder großes Interesse an umfangreicheren Fragen der Unternehmenspolitik entwickeln noch solche Fragen verstehen. Meistens sind Arbeiter diesen Themen gegenüber eher gleichgültig. Ihr Hauptinteresse konzentriert sich darauf, eine möglichst dicke Lohntüte mit nach Hause zu nehmen.

Auswahl der Gewerkschaft

Hier kommt eine ganze Reihe von Überlegungen ins Spiel. Gewerkschaften, die dem Marxismus verbunden sind, haben letztlich das Ziel, den Kapitalismus abzuschaffen. Mitwirkung kann auf dieser Ideologie kaum aufgebaut werden.

Es wird auch argumentiert, Management und Gewerkschaften sollten nicht zu eng zusammenarbeiten. Sofern sich Gewerkschaften mit den Aufgaben des Managements identifizieren, würden sie ihre eigentliche Aufgabe, die Vertretung des Arbeitnehmerstandpunktes, vernachlässigen. Dies könnte dann zu einem plötzlichen Ausbruch von Unzufriedenheit unter den Mitarbeitern führen. Eine Gewerkschaft ist eine politische Organisation, die Gegenspieler und siegreiche Kämpfe braucht. Wahre Mitwirkung verbietet solche Kämpfe und läuft damit der grundlegenden Philosophie des Gewerkschaftswesens zuwider.

Das Kriterium der Kompetenz

Betriebsführung ist eine hochspezialisierte und verantwortungsvolle Aufgabe, und nur jemand, der die notwendigen Erfahrungen und Fachkenntnisse besitzt, kann dieser Verantwortung auch gerecht werden. Es kann nun einmal nur ein gut ausgebildeter Chirurg eine Operation ausführen. Ein Stationspfleger mag noch soviel davon verstehen, er wird dennoch nicht mitmachen dürfen.

Das Treffen von Entscheidungen mit weitreichender Bedeutung ist sehr komplex. Kreative Entscheidungen hängen sehr von der Anwendung der Urteilskraft, der Erfahrung von Fachkenntnissen und der Vorstellungskraft ab. Mitwirkung bei Entscheidungen auf hoher Führungsebene unterdrückt diese Kreativität. Sie verlangsamt damit den gesamten Entscheidungsprozeß und verschlechtert damit sicherlich die Ertragskraft eines Unternehmens.

Kriterium der Wirtschaftlichkeit

Mitwirkung verlangsamt den Entscheidungsprozeß merklich. Moderne Geschäftsbedingungen erfordern jedoch schnelle und zeitgerechte Entscheidungen. Verspätet getroffene Beschlüsse können sich als äußerst kostspielig erweisen.

Schlußfolgerung

Der Begriff Mitwirkung wird unterschiedlich ausgelegt und angewendet. Hauptsächlich werden ihm zwei verschiedene Bedeutungen zugemessen. Bei Arbeitern wendet man ihn an, wenn sie durch ihre direkten Vorgesetzten im täglichen Arbeitsbereich bei Entscheidungen um ihren Rat gefragt werden. Der Begriff wird ebenfalls angewandt, wenn Vertreter der Arbeiterschaft im höchsten Führungsgremium der Organisation mitwirken können. Dabei kann das Ausmaß der Mitwirkung erheblich schwanken.

Der Begriff Mitwirkung ist damit aber noch nicht vollkommen erfaßt. Seine Hauptzielrichtungen sind Zufriedenheit der Arbeiter und höhere Produktivität. Diese Zielsetzungen können allerdings kollidieren. Ab einem gewissen Punkt kann die Zufriedenheit der Arbeiter eine geringere Produktivität nach sich ziehen. Zum Beispiel können Beschäftigte Freizeit der Arbeit vorziehen.

Sie können auch Debatten und Diskussionen veranstalten, anstatt die Maschinen zu bedienen.

Die Folge einer Mitwirkung ist theoretisch nicht bestimmbar, weil so viele Faktoren und gegenseitige Einflußmöglichkeiten in einem komplexen Zusammenspiel einbezogen werden müssen. Es gibt Fälle, wo die Arbeiter selbst eine autoritäre Organisationsform der Mitwirkung vorziehen.

Mitwirkung hat sich nun jedoch in der einen oder anderen Form durchgesetzt. Arbeiter sind heutzutage gut ausgebildet und Gewerkschaften gut organisiert. Und so kann man nicht davon ausgehen, daß sie sich immer sanftmütig den Anordnungen eines Unternehmers oder eines Managers unterwerfen.

Unter diesem Gesichtspunkt ist Mitwirkung natürlich eine heikle Angelegenheit. Sie kann allerdings große Gewinne bringen, wenn die Beteiligung Schritt für Schritt aufgebaut wird und beide Seiten die Grenzen im Auge behalten. Anfangs sollte sie als eine Art Weiterbildung, sowohl für das Management wie auch für die Arbeiter, angesehen werden.

8. Verschiedene Formen der Mitwirkung

Wie schon im letzten Kapitel erörtert, wird der Begriff Mitwirkung unterschiedlich ausgelegt und angewandt. Es gibt verschiedene Formen der Mitwirkung, die wir nachstehend kurz erläutern.

Arbeitsgruppen-Mitwirkung

Diese Art zwangloser Mitwirkung erlaubt den Arbeitern erhebliche Freiheit in der Planung ihres täglichen Arbeitspensums. Es hat sich gezeigt, daß sie sowohl Arbeitsmoral als auch Arbeitsleistung steigern kann. Der größte Erfolg ist dort zu erzielen, wo die Gewerkschaften nicht sehr stark sind. Mitwirkung erfordert keine wesentlichen Strukturveränderungen in der Firma. Vorarbeiter und auch einige leitende Angestellte könnten allerdings damit unzufrieden sein, weil sie ihre Autorität schwinden sehen. Trotzdem kann auf diese Weise die Einführung der Mitwirkung am besten gelingen.

Gemeinsame Beratung in einer Primärarbeitsgruppe

Nach diesem Konzept werden die Mitarbeiter hinsichtlich Routineangelegenheiten befragt, die sie unmittelbar angehen. Allerdings bleiben Löhne und Gehälter ausgespart. Das Management ist nicht durch die Ergebnisse der Befragung gebunden; sie ermöglicht ihm jedoch, die Reaktionen der Mitarbeiter auf beabsichtigte Änderungen vorab zu erfahren. Es müssen dadurch keine Veränderungen in der Autoritätsstruktur des Unternehmens stattfinden, doch wird sichergestellt, daß die Beschäftigten zumindest über die wichtigen Entscheidungen informiert sind.

Job Rotation, Job Enlargement und Job Enrichment

Job Rotation bedeutet Wechsel eines Arbeiters von einem zu einem anderen Arbeitsbereich. Diese Methode trägt bis zu einem gewissen Grad dazu bei, Monotonie zu beheben und dem Mitarbeiter größere Zufriedenheit mit seiner Tätigkeit zu verschaffen.

Job Enlargement dagegen beabsichtigt, den dem Mitarbeiter anvertrauten Arbeitsbereich zu erweitern. Beispielsweise könnte ein Bürogehilfe Briefe entwerfen, schreiben und auch versenden. Ein Maschinist könnte zugleich auch kleinere Reparaturen ausführen.

Job Enrichment bedeutet, die Verantwortung des einzelnen zu vergrößern. Das könnte die Erlaubnis beinhalten, die eigenen Arbeiten zu planen, zeitlich zu koordinieren und auch kritisch zu überprüfen. Das gäbe den Mitarbeitern weit mehr Gelegenheit, ihre Erfahrung und ihre Intelligenz zu nutzen.

Job Enrichment-Programme am Arbeitsplatz werden weltweit durchgeführt, um die Qualität des Arbeitslebens zu verbessern. Arbeit sollte befriedigender sein; sie sollte der Würde des Menschen angemessen sein. Die „Imperial Chemical Industries" hat nach diesen Gesichtspunkten die Tätigkeit ihrer Vertreter überarbeitet und dabei sehr ermutigende Resultate erzielt.

Arbeitnehmeranteile und Gewinnbeteiligung

Es wurden unterschiedliche Projekte eingeführt: Man bot zum Beispiel Mitarbeitern Aktien unterhalb des offiziellen Marktwertes an mit dem Grundgedanken, Arbeiter am Wohlstand der Firma zu beteiligen. Sie können sogar Teilhaber werden. Allerdings hat es sich gezeigt, daß Mitarbeiter ihre Anteile oft wieder verkaufen. Diese Vorschläge haben also den Grad der Mitwirkung nicht wesentlich anheben können. Es wird geschätzt, daß im Vereinigten Königreich mehr als 500 Firmen solche Gewinnbeteiligungen eingeführt haben.

Teilhaberschaft

Alle Mitarbeiter sind Teilhaber der Firma. Sie erhalten zusätzlich zu ihren Gehältern Anteils-Ausschüttungen. Die gesamte theoretische Grundlage ist hier anders. Hauptabsicht ist, der Gemeinschaft mit vollem Einsatz zu dienen. Von allen Angehörigen der Firma wird erwartet, daß sie in harmonischem Einklang, ja mit religiöser Hingabe arbeiten. Den Gewerkschaften werden Steine in den Weg gelegt, weil ihre Anschauungen im Gegensatz zu denen der Firma stehen. Oft liegt die wirkliche Geschäftsleitung in den Händen professioneller Manager, und die Teilhaber können nicht maßgebend auf die Entscheidungsprozesse Einfluß nehmen. Das bleibt den Fachleuten überlassen.

Gemeinschaftsprojekte

Diese Projekte gehen weiter als solche gemeinsamer Teilhaberschaft, denn sie stellen nicht nur den gemeinsamen Besitz sicher, sondern auch die effektive Partnerschaft in allen Entscheidungsprozessen.

Solchen Projekten liegen Ideale im Dienste des Gemeinwesens zugrunde. Darum werden auch die menschlichen und ethischen Gesichtspunkte der Firma weit stärker betont als die technischen und wirtschaftlichen. Von den Mitarbeitern wird erwartet, daß sie ihre Arbeit so selbstlos erfüllen, wie in einer kirchlichen Organisation.

Die Frage der Mitwirkung kommt also gar nicht erst auf, weil diese Gesellschaften sich selbst führen. Für Gewerkschaften aber ist hier kein Raum. Die „Scott Bader Co. Ltd." steht als hervorragendes Beispiel für diese Organisationsform. Diese Firma ist im gemeinsamen Besitz der Beschäftigten und ist Marktführer bei der Herstellung von Polyesterharzen. Man darf jedoch nicht übersehen, daß solche Firmen nicht unbedingt dem harten Konkurrenzdruck auf dem Markt gewachsen sind.

Gemeinsame Beiräte (Arbeitsausschüsse)

Diese Gremien bestehen aus Vertretern des Managements und anderer Gruppen der Organisation. Sie diskutieren solche Probleme, die mit den Geschäftsvorhaben zusammenhängen. Dabei werden üblicherweise die Fragen der Löhne und Gehälter ausgeklammert. Die Beiräte stellen im wesentlichen Beratungsgruppen dar, die unter besonders günstigen Umständen zu einer besseren Verständigung zwischen Unternehmensleitung und Mitarbeitern beitragen können. Wegen ihrer hauptsächlich beratenden Funktion spielen sie meist nur eine untergeordnete Rolle.

Eine Untersuchung in Großbritannien zeigt, daß Arbeitsausschüsse nur dann wirksam sein können, wenn alle Voraussetzungen stimmen. In Indien zum Beispiel konnte man keine besonders eindrucksvollen Ergebnisse erzielen.

Leistungsbezogene Verträge

Solche Verträge bieten große Verdienststeigerungen im Austausch gegen eine intensivere Nutzung der Arbeitskräfte. Sie geben dem Management größere Freiheit für den Einsatz des Arbeitspotentials. Viele einschränkende Verfahren, wie genaue Beschreibung des einzelnen Arbeitsplatzes, können damit abgeschafft werden.

Kurzfristig zumindest kann hierdurch eine beachtliche Steigerung der Produktivität erzielt werden, aber das Management erhält seinen direkten Einfluß über Bereiche zurück, die vorher der Kontrolle der Beschäftigten unterlagen.

Zugleich aber vergrößert sich dadurch die Macht der Personalvertreter und ebnet damit den Weg zu neuen, Freiräume einschränkenden Verfahren. Diese können wiederum einen inflationären Einfluß auf die Wirtschaft haben. Dies führt dann zur Verminderung der Mitwirkungsmöglichkeiten des Arbeiters und zur Kontrolle durch die Industrie. Im Vereinigten Königreich wurden zwischen 1967 und 1969 über 4.000 solcher Verträge geschlossen, die insgesamt über 8 Millionen Arbeiter betrafen und durch das Ministerium für Arbeit und Produktivität genehmigt worden sind.

Kontrolle der Arbeitsstunden und Arbeitsbedingungen durch (teil-autonome) Arbeitsgruppen

Die praktische Arbeit wird in vielen Fabriken durch zahlreiche ungeschriebene Gesetze und Handwerkstraditionen bestimmt. Davon gibt es noch viele Varianten, die weitgehend der Kontrolle des Managements entzogen sind. Im Bergbau in Großbritannien teilen beispielsweise vollkommen selbständige Gruppen die Arbeit zu und verteilen die Löhne. Das Schwinden von Fachkenntnissen kann dadurch verhindert werden. Jedoch können Änderungen in Methoden oder Verfahrensabläufen nur schwer eingebracht werden. Facharbeiter profitieren aus diesen Verfahren, die in der Industrie weit verbreitet sind.

Produktionsgenossenschaften

In diesen Organisationen sind die Beschäftigten Miteigentümer des Unternehmens. Sie werden als Mitglieder der Aufsichtsräte benannt und sind am Gewinn beteiligt.

Genossenschaften sind das Ergebnis einer vollkommen anderen Denkweise in Bezug auf industrielle Organisationen. Sie sind in der Landwirtschaft erfolgreicher als in der Industrie. Ihr Management neigt dazu, schwach und wenig effektiv zu sein und wird damit unfähig, sich auf starken Konkurrenzmärkten durchzusetzen. Als Beispiel für Genossenschaften können der Kibbuz in Israel oder die russische Kolchose genannt werden.

Betriebsorganisationen und andere werksinterne Vertretungsgremien

Betriebsräte kontrollieren beispielsweise den Einsatz der Arbeitskräfte, Besetzung der Maschinen, Abstecken der Aufgaben und Zeitstudien. Wenn die Aufsicht restriktiv gehandhabt wird, so kann sie einen Leistungsabfall bewirken. Betriebsräte greifen in die Privilegien der Firmenleitung ein und üben ein beachtliches Maß an Kontrolle über die Tagesarbeit der Firma aus. Sie spielen eine bedeutende Rolle im Aushandeln werksinterner Angelegenheiten.

In der britischen Industrie haben Betriebsräte bei einer Zahl von nahezu 1.750.000 Personen eine beträchtliche und wirkungsvolle Funktion.

Gewerkschaftseigentum und Arbeitermitbestimmung (Histadrut)

In Israel sind viele Firmen Eigentum der „General Federation of Labour" (Histadrut), die für rund 24 Prozent der Beschäftigten verantwortlich ist und eine zentrale Rolle in der nationalen Wirtschaft spielt. Histadrut macht auf vier verschiedenen Wegen Mitwirkung für Arbeiter im Management möglich, nämlich durch Arbeiterbeiräte, gemeinsame Fertigungsausschüsse, Werksversammlung und die gemeinsamen Planungsprogramme.

Im allgemeinen hat die Belegschaft wenig Begeisterung für dieses Konzept entwickelt, denn sie vermißt eine Organisation, die ausschließlich ihre besonderen Interessen wahrnimmmt. Das Histadrut-Experiment war somit nicht erfolgreich. Verschiedene ungeregelte Konflikte im lokalen Bereich blieben erhalten. Die Zahl der Arbeitstage, die durch Streiks in Histadrutfabriken verloren gingen, übersteigt die Zahl der Tage, an denen in anderen israelischen Fabriken nicht gearbeitet wurde.

Konzepte paritätischer Mitbestimmung und Arbeitsdirektoren

Das 1951 in Deutschland verabschiedete Montan-Mitbestimmungsgesetz sorgt dafür, daß Arbeitnehmervertreter aus der Kohle-, Eisen- und Stahlindustrie mit mehr als 1.000 Beschäftigten zu 50 Prozent die Mitglieder des Aufsichtsrates stellen. Dies ist das Mitbestimmungsmodell auf Unternehmensebene für die Bundesrepublik Deutschland. Ein weiteres Gesetz zu diesen Gremien trat am 1. Juli 1976 in Kraft. Es betrifft vor allem Kapitalgesellschaften, GmbHs, Kommanditgesellschaften auf Aktien, Erwerbs- und Wirtschaftsgenossenschaften mit mehr als 2.000 Arbeitern.

Die Position der Gewerkschaften kann durch Aufsichtsräte geschwächt werden, die zuweilen leichter Mißstände ausmerzen oder Genehmigungen zustande bringen können als Gewerkschaftsführer.

Im Vereinigten Königreich hat das „Bullock Committee" vorgeschlagen, in der Zusammensetzung der Räte die Formel 2X+Y anzuwenden, wobei X die Zahl der Arbeitervertreter und auch der Aktionärsvertreter ist und Y die kleinere Gruppe der hinzugewählten Direktoren.

Diese Vorschläge des „Bullock Committee" haben im Vereinigten Königreich so viele kontroverse Diskussionen ausgelöst, daß keine Chance gesehen wird, sie durch die Regierung zu verabschieden. Falls sie eingeführt werden, so sagt ein Experte voraus, werden sie ein unglaubliches Chaos in der Industrie schaffen.

Selbstverwaltung und Arbeiterausschüsse

Das Gesetz über die Leitung von staatlichen Wirtschaftsbetrieben in Jugoslawien von 1950 ist modellhaft für solche Projekte. Die grundlegenden Organe, die nach diesem Gesetz geschaffen wurden, sind der Arbeiterausschuß, der Vorstand und der Direktor des Unternehmens. Der ideologische Ansatz dieses Projekts unterscheidet sich vollkommen von anderen: Alle wirtschaftlichen

Einrichtungen gehören dem ganzen Volk und sind durch die Belegschaft im Interesse der Gesellschaft zu leiten.

Die existierenden Konzepte der Selbstverwaltung kann man nicht eindeutig als erfolgreich oder gescheitert beurteilen. Die Ergebnisse unterscheiden sich von Firma zu Firma. Die Gewerkschaften scheinen darüber nicht ganz glücklich zu sein. Die Bergarbeitergewerkschaft rief 1970 zum ersten öffentlichen Streik auf seit Inkrafttreten des Gesetzes 1950. Ähnliche Arbeiterausschüsse gibt es in Polen, der Tschechoslowakei und Algerien.

Betriebsräte, gemeinsame Beratungs- und Vertragsbeiräte auf Industrie- und Werksbasis

Arbeiterräte und gemeinsame Beschlußfassungsgremien sind inzwischen in vielen Ländern auf gesetzlicher Grundlage eingerichtet worden. Dabei war das zugrunde liegende Prinzip, daß es viele Angelegenheiten von gemeinsamem Interesse sowohl für Unternehmer als auch für Beschäftigte gibt, die am besten durch Zusammenarbeit geregelt werden können. Sie sind nützlich, wenn es nicht um kontroverse Angelegenheiten geht, wie Ausbildung, medizinische Versorgung, Sport oder Sicherheit. Allerdings können solche Gremien durch einflußreiche und inoffizielle Tätigkeit des Betriebsrates gelähmt werden. Sie können auch dort wirkungslos werden, wo die Beziehungen zwischen Unternehmensleitung und Arbeiterschaft äußerst angespannt sind.

Den Ursprung dieser Ausschüsse kann man in Deutschland sehr weit zurückverfolgen, sogar bis 1830, als reformerische Maßnahmen akzeptiert wurden, um den Arbeitsfrieden auf dem industriellen Gebiet wiederherzustellen. Heutzutage sind solche Beiräte weit verbreitet.

Betriebsräte wurden zuerst 1947 in Indien unter dem „Industrial Disputes Act", gemeinsame Räte 1946 unter dem „Bombay Industrial Relations Act" gebildet. Gemeinsame Aufsichträte (1957–58) und Arbeiterausschüsse (1975) wurden auf freiwilliger Basis gegründet. Der Erfolg, der durch sie erzielt wird, ist sehr begrenzt.

9. Was alles zur Zufriedenheit mit der Arbeit beiträgt

Zufriedenheit mit der Arbeit

Jeder spricht von „Zufriedenheit mit der Arbeit". Dennoch ist es nicht möglich, dies inhaltlich genau zu definieren, da es von Mensch zu Mensch unterschiedlich aufgefaßt wird und von vielen Faktoren abhängt, deren Bedeutung ebensowenig quantifizierbar ist. Ganz allgemein läßt sich sagen, daß Arbeitszufriedenheit das Ergebnis des Zusammenspiels folgender Faktoren darstellt:

- Zufriedenheit mit der Firma und dem Management
- Zufriedenheit mit den Vorgesetzten
- Zufriedenheit mit den Kollegen
- Zufriedenheit mit dem Lohn/Gehalt
- Zufriedenheit mit den Arbeitsbedingungen
- Zufriedenheit mit den Aufstiegschancen und dem Status
- Zufriedenheit mit der Tätigkeit selbst.

Verschiedene Faktoren, die Arbeitszufriedenheit beeinflussen

Arbeitszufriedenheit wird durch die Beziehung innerhalb der Arbeitsgruppe beeinflußt. Wir befassen uns anschließend mit ihnen im einzelnen. Das innere Interesse am Fachgebiet ist häufig der wichtigste Grund für Zufriedenheit. So wird beispielsweise ein Mathematiker nicht bereit sein, seine Tätigkeit zu wechseln.

Mathematiker lieben ihre Mathematik und daher ist für sie die Erwägung, etwas anderes zu tun, undenkbar.

Die Vielseitigkeit einer Arbeit ist ein anderer Faktor, der Einfluß auf die Arbeitszufriedenheit hat. Menschen mit geringer Intelligenz – so wurde herausgefunden – verlangen nicht nach abwechslungsreicher Tätigkeit. Andere Menschen langweilen sich bei monotoner Arbeit. Daher versuchte man es mit verschiedenen Methoden, wie Job-Rotation, Job-Enlargement und Job-Enrichment.

Selbständig arbeiten können ist ein weiterer wichtiger Faktor. Die meisten Mitarbeiter verabscheuen Standardverfahren, die ihnen aufgezwungen werden. Sie erledigen ihre Aufgaben gern in der Art und Weise, die sie selbst für die beste halten.

So hat eine Studie ergeben, daß 92 Prozent der Fließbandarbeiter lieber woanders arbeiten würden. Die Zahl der innerbetrieblichen Fluktuation war zweimal so hoch wie die ihrer nicht am Fließband tätigen Kollegen. Selbständig arbeitende Lastkraftwagenfahrer fühlen sich glücklich. Sie genießen ihre Freiheit und ihre Arbeit. Aus ähnlichen Gründen spielen viele Beschäftigte mit dem Gedanken, ihr eigenes kleines Unternehmen zu gründen. Sie streben nach Unabhängigkeit.

Ein anderer wichtiger Gesichtspunkt ist die Möglichkeit zur Anwendung der eigenen Fähigkeiten. Ganz allgemein wird man davon ausgehen können, daß gut ausgebildete und intelligente Menschen dann eine Befriedigung aus ihrer Arbeit ziehen, wenn sie ihnen die Möglichkeit bietet, ihre Fähigkeiten voll anzuwenden. Es gibt jedoch auch Ausnahmen: Manche Arbeiter lassen sich auch durch eine interessante Tätigkeit einfach nicht zufriedener machen.

Schichtarbeit wird im allgemeinen abgelehnt, da sie Gesundheit und Familienleben beeinträchtigt. Die Fehlzeiten nehmen zu, wenn die wöchentlichen Arbeitsstunden ansteigen. Nun müssen aber Manager und andere „Kopfarbeiter" ebenfalls sehr hart arbeiten und doch sind sie diejenigen, die am glücklichsten mit ihrer Tätigkeit sind: Wenn jemand seine Arbeit liebt, machen ihm Überstunden eben zumeist nichts aus.

Die Frage des Geldes bildet ein strittiges Thema. Einige Psychologen und Soziologen argumentieren, daß Geld nicht besonders wichtig sei. Kritiker dieser Argumentation meinen dagegen, daß sich fast alle Arbeitsstreitigkeiten am Thema Geld entzünden. Außerdem haben Umfragen ergeben, daß auch für gutgestellte Arbeitnehmer die Bezahlung das wichtigste sein kann. Sie kümmmern sich nicht um persönliche Weiterentwicklung oder ähnliche Dinge.

Und dennoch können finanzielle Anreize allein die Produktivität nicht anheben, wie wir in Kapitel 10 noch ausführen werden. Tatsächlich ist angemessene Bezahlung eine Angelegenheit von größter Bedeutung. Wenn etwa jemand mit geringeren Fähigkeiten eine höhere Bezahlung erhält, kommt bei den anderen tiefer Neid auf.

Der berufliche Status ist deshalb ein so wichtiger Punkt, weil andere durch ihn veranlaßt werden, zu jemand aufzuschauen und ihm Respekt zu zollen. Ein höherer Status bedeutet normalerweise auch ein höheres Gehalt, mehr Annehmlichkeiten und eine interessantere, abwechslungsreichere Tätigkeit. Daher sind Leute mit höherem Status zufriedener mit ihrer Arbeit.

Beförderungschancen sind ein Faktor, der ganz eng mit der Zufriedenheit mit der Arbeit verbunden ist. Dies gilt besonders für leitende Angestellte, Ingenieure und Arbeitnehmer in ähnlich hohen Stellungen. Für ungelernte und angelernte Arbeitskräfte bietet sich kaum eine Gelegenheit zur Beförderung, und sie trachten auch nicht danach. Es scheint so, als würden menschliche Ansprüche durch das soziale Umfeld geprägt werden, in dem man heranwuchs und wo man lebt. Das alleinige Bestreben eines Mittellosen geht dahin, Arbeit zu bekommen, damit er seinen Lebensunterhalt bestreiten kann.

Welche Bedeutung der Arbeitsplatzsicherheit zukommt, darüber herrscht keine einheitliche Meinung. Aber man muß wohl annehmen, daß Beschäftigte immer eine gesicherte Anstellung wünschen. Die Frage der Arbeitsplatzsicherheit ist eine Überlebensfrage für Millionen Arbeitsloser, speziell in den Entwicklungsländern. Japan scheint diese Fragen mit seinem Prinzip der lebenslangen Anstellung für eine große Anzahl Beschäftigte gelöst zu haben.

Die Arbeitsgruppe

Die Zufriedenheit der Mitarbeiter wird von den Beziehungen innerhalb der Arbeitsgruppe beeinflußt. Dabei spielen mehrere Faktoren eine Rolle. Die Zufriedenheit ist in Gruppen mit festem Zusammenhalt am größten. Dieser Zusammenhalt ist wiederum abhängig von mehreren Umständen, wie häufige Interaktionen, gemeinsamer sozialer Hintergrund und Werte, demokratische Führung und kooperative Arbeitsmethoden. Passen Arbeiter nicht in die Gruppe, so fühlen sie sich auch nicht wohl in ihrer Haut und wechseln im allgemeinen ihren Job. Auch ist das Arbeiten in kleinen Gruppen befriedigender. Ihre Mitglieder lernen sich gut kennen, und der regelmäßige Meinungsaustausch zwischen ihnen stärkt den Gemeinschaftssinn.

Eines der Hauptergebnisse der Hawthorne Experimente ist, daß Arbeit eine soziale Betätigung ist. Die Arbeitsgruppe wird als wichtigste Quelle für Zufriedenheit bezeichnet. Dies gilt jedoch nicht für alle Berufe. Das Gefühl für Freundschaft und Kameradschaft ist beispielsweise bei Eisenbahnern sehr stark ausgeprägt, wogegen Fließbandarbeiter individualistisch sind und sich meist nicht viel aus der Gruppe machen.

Beaufsichtigung

Die Art, wie Aufsichtspersonen ihre Untergebenen behandeln, ist von großer Bedeutung. Ein Vorgesetzter, der versucht, seine Beschäftigten zu tyrannisieren und sie beleidigt, ruft nur Widerspruch hervor. Andererseits wird eine Aufsichtsperson respektiert, die ihre Beschäftigten menschlich behandelt, ihre Würde achtet und bereit ist, ihnen zu helfen.

In ähnlicher Weise kann das Teilhaben an Entscheidungsprozessen die Arbeitszufriedenheit erhöhen. Man kann nicht erwarten, daß der Einfluß dieser Faktoren immer zu beachten ist. Die Arbeitswelt ist so verschiedenartig, daß Verallgemeinerungen nicht universell zutreffen können. Es gibt Fälle, in denen Mitarbeiter am zufriedensten sind, wenn der Vorgesetzte sie sich selbst überläßt.

Die Firma

In kleineren Firmen sind die Fehlzeiten geringer und ist die Zufriedenheit mit der Arbeit größer. Ähnlich verhält es sich bei einer flacheren Organisation (Unternehmen mit weniger Hierarchiestufen), wo die Leute allgemein glücklicher mit ihrer Arbeit sind. Gibt es ferner partizipative Unternehmensführung, so trägt dies zur Zufriedenheit bei.

IBM-Beschäftigte scheinen zum Beispiel zumeist außerordentlich zufrieden mit ihrer Arbeit zu sein. Sie spüren, daß IBM wirklich Rücksicht nimmt, wenn es um die Beschäftigten geht. Die Unternehmensstruktur unterscheidet sich völlig von der anderer Unternehmen, da sie die Würde eines jeden Mitarbeiters respektiert und von ihm annimmt, daß er sein Bestes zum Wohle der Firma leistet.

Individuelle Unterschiede

Abgesehen von diesen Faktoren spielen auch individuelle Unterschiede eine Rolle bei der Zufriedenheit mit der Arbeit. Frauen sind oft leichter zufriedenzustellen als Männer. Sie sind auch mehr an den sozialen Aspekten der Arbeit interessiert. Das Alter hat einen ähnlichen Einfluß auf die Arbeitszufriedenheit: Im allgemeinen finden ältere Mitarbeiter eine größere Befriedigung in ihrer Arbeit als jüngere. Und Gesunde bringen ihrer Tätigkeit größeres Interesse entgegen als neurotische Menschen, die zur Gleichgültigkeit neigen.

Man hat ferner herausgefunden, daß einige Berufsgruppen in erster Linie an dem Lohn interessiert sind. Es ist das Geld, was zufriedenstellt und die Arbeit der Preis dafür, den sie zahlen.

Zufriedenheit und Produktivität

Wenn jemand seine Arbeit mag, so hat er natürlich ein größeres Interesse an ihr. Es wird daher allgemein angenommen, daß zunehmende Zufriedenheit mit der Arbeit zu höherer Produktivität führt. Glückliche Arbeiter sind leistungsfähiger. Untersuchungen haben jedoch gezeigt, daß diese Schlußfolgerung nicht immer richtig ist.

Man muß zwischen drei Typen von Mitarbeitern unterscheiden:

(1) denen, die sehr gut arbeiten, weil sie zufrieden sind;

(2) denen, die am schwersten arbeiten, weil sie unglücklich und unzufrieden sind;

(3) und denen, die glücklich sind, aber alles auf die leichte Schulter nehmen.

Es ist daher sehr wichtig, sich der Vielschichtigkeit der menschlichen Natur und deren Einbeziehung in die Unternehmenspolitik bewußt zu sein.

Mitwirkung kann die Zufriedenheit an der Arbeit erhöhen und dieses wiederum kann zu einer Produktivitätssteigerung führen. Früher oder später ist jedoch der Punkt erreicht, wo dieser Zusammenhang eben nicht mehr gegeben ist.

Die obige Diskussion basiert in erster Linie auf Michael Argyle's ausgezeichnetem Buch „The Social Psychology of Work". Das Buch endet mit folgenden Worten: „Zufriedenheit mit der Arbeit an sich ist wichtig. Es gibt aber keine durchschlagenden Beweise für die These: ‚glückliche Arbeiter leisten mehr', falls damit schnellere Erledigung der anfallenden Arbeit gemeint ist. Andererseits ist der Stand der unentschuldigten Fehlzeiten und der Arbeitskräftefluktuation niedriger, wenn die Arbeitszufriedenheit hoch ist."

10. Materielle Leistungsanreize: Wirken sie wirklich?

Traditionelle Betriebsführung

Die traditionelle Betriebsführung (Theorie X genannt) geht bei der Beurteilung der Menschen und ihrer Arbeitsbereitschaft von drei Annahmen aus:
- Ein Mensch ist von Natur aus faul und geht der Arbeit so weit wie möglich aus dem Weg.
- Er möchte keine Verantwortung übernehmen. Alles, was er verlangt, ist Sicherheit.
- Daraus folgt, daß er nur unter Druck oder Angst vor Strafe veranlaßt werden kann, überhaupt zu arbeiten. Oder, als Alternative, man muß ihn durch fortwährende Belohnung zur Arbeit animieren.

(Dieses Thema wird auch in Kapitel 13 weiter behandelt.)

Da Strafe nur unter außergewöhnlichen Umständen auferlegt werden kann, bleibt als einziger Ausweg, ihn auf der Basis seiner tatsächlich geleisteten Arbeit zu bezahlen. Die traditionelle Betriebsführung glaubt, daß materielle Leistungsanreize die beste Methode darstellen, Mitarbeiter zu führen. In diesem Kapitel wollen wir untersuchen, inwiefern solche Anreize wirklich wirksam sind.

Ist Geld allein ausschlaggebend
für die Arbeitsmotivation?

Die obigen Ausführungen gehen von der Annahme aus, daß Menschen in erster Linie für Vergütung in Form von Geld arbeiten. Diese Annahme ist nicht korrekt. Ohne Frage brauchen die Menschen Geld, aber zusätzlich auch viele andere Dinge, wie soziale Stellung, Selbstachtung, Anerkennung, Gelegenheit zur Mitsprache und eine interessante Arbeit. Besonders in kleinen Arbeitsgruppen wird die persönliche Einstellung zur Arbeit durch die Atmosphäre in der Gruppe und deren Wertvorstellungen geprägt. Mitarbeiter sind dann besonders erfolgreich, wenn sie sich weiterentwickeln wollen. Geld ist daher nicht immer der wirksamste und zuverlässigste Anreiz zur Arbeit. Darüber hinaus verursacht Geld als Leistungsanreiz sogar manchmal Probleme, wie wir im folgenden sehen werden.

Wesen der Leistungsanreize

Es gibt verschiedene Leistungsanreize. Geld ist nur einer davon. Freude an der Arbeit ein anderer, aber Selbstverwirklichung ist wohl auf lange Sicht der wirkungsvollste. Einige allgemeine Feststellungen über Leistungsanreize können aber gemacht werden. So gibt es keinen idealen Leistungsanreiz, der allein beste Ergebnisse erzielt. Sie sind von Ort zu Ort, von Person zu Person und von Industriezweig zu Industriezweig unterschiedlich. Die verschiedenen Formen kann man nicht nach ihrer Bedeutung ordnen. Die meisten verlieren früher oder später ihre Wirksamkeit. Vielleicht läßt sich jedoch sagen, daß der wirkungsvollste Arbeitsanreiz das Ergebnis wiederum der Wechselwirkung verschiedener Anreize ist, wie beispielsweise Löhne/Gehälter, Beförderungschancen, selbständige Arbeitsplatzgestaltung sowie gutes Betriebsklima.

Wann können materielle Leistungsanreize helfen?

Die Einführung der verschiedenen Kategorien von Leistungsanreizen im Betrieb ist dann sinnvoll, wenn die Arbeitsleistung des einzelnen objektiv bestimmt werden kann.

Die bekannteste Technik dazu wird als Zeitstudium bezeichnet. Der Gebrauch dieser Technik basiert auf der Untersuchung darüber, in welcher Zeit ein Durchschnittsarbeiter unter Normalbedingungen eine bestimmte Arbeit verrichten kann. Das Ergebnis könnte als Normalleistung bezeichnet werden.

Sobald jetzt ein REFA-Ingenieur aufgrund seiner Studien am Arbeitsplatz die tatsächlichen Werte des Maschinenbedieners ermittelt hat, vergleicht er diese mit der Normalleistung. Sehen wir uns ein typisches Beispiel an.

Angenommen, ein REFA-Ingenieur möchte den Standard für das Gehen ermitteln. Zuerst wird er sich den Gang einer Durchschnittsperson mit normalem Schritt und unter Normalbedingungen vor Augen führen. Er nennt dies Normalleistung und setzt den Wert auf 100. Dann beobachtet er eine Person beim Gehen und stellt fest, daß sie sich mit halber Geschwindigkeit bewegt, darum bewertet er sie mit 50. Da diese Beurteilung auf subjektiver Beobachtung basiert, unterscheidet sich die Einschätzung der REFA-Ingenieure deutlich von der Einschätzung etwa der Maschinenbediener. Die von beiden entwickelten Standards sind auch deutlichen Schwankungen unterworfen.

Das Konzept des Durchschnittsarbeiters

Nach Herzberg, dem bekannten Psychologen, ist die Vorstellung vom „Durchschnittsarbeiter" fehlerhaft. Eine Person, die keinerlei Geschicklichkeit für eine bestimmte Arbeit hat, die vermutlich nur wegen der Bezahlung arbeitet, wird als Standard zum Vergleich herangezogen. Wenn wir eine Gruppe von zehn Arbeitern betrachten, dann unterscheiden die einzelnen Menschen sich deutlich hinsichtlich ihrer Fähigkeiten und Fertigkeiten.

Diese Abweichungen werden aber bei dem Zeitstudium außer acht gelassen, und die am wenigsten geeignete Person wird Ausgangsobjekt für einen Vergleich. Dies führt zur Unterbewertung menschlicher Fähigkeiten.

Produktivitätsmessung

Es ist daher sehr schwer, die individuelle Produktivität zu messen. Noch schwerer ist es allerdings, die Produktivität einer Gruppe oder einer ganzen Firma zu messen. Produktivität ist ein vielschichtiger Begriff. Er beinhaltet mehrere Größen wie Quantität, Qualität und Kosten. Sie kann bestenfalls als grober Anhaltspunkt bei der Tätigkeit einer Einzelperson oder Organisation angesehen werden.

Abschaffung der Akkordarbeit

In Großbritannien arbeitete man in verschiedenen Firmen mit dem Akkordsystem, das wieder fallengelassen wurde, weil es in keiner Weise zu einer Steigerung der Produktivität geführt hatte. Die Gründe, das Akkordsystem abzuschaffen, sollen im folgenden kurz zusammengefaßt werden:

– Jeder einzelne Mensch hat sein eigenes Arbeitstempo, das durch finanzielle Anreize nicht gesteigert und danach dauerhaft gehalten werden kann. Wenn zum Beispiel eine Schreibkraft durchschnittlich vierzig Worte pro Minute schreibt, kann diese Geschwindigkeit nicht wesentlich durch finanzielle Leistungsanreize erhöht werden.

– Die persönliche Arbeitsleistung hängt von einer Reihe von Faktoren ab, wie der zur Verfügung stehenden technischen Ausstattung, dem Arbeitsablauf, der Qualität der Werkstoffe und den maschinellen Bedingungen.

– Wenn die Firma eine große Produktionspalette herstellt, ist es fast unmöglich, die Gesamtproduktivität zu messen.

- In einem Akkordsystem kann die Produktionsqualität nicht beibehalten werden. Genauso schwierig ist es, die Qualität zu steigern.
- Leistungsstandards können nicht objektiv festgelegt werden. Sie können nur zwischen dem REFA-Ingenieur und den Arbeitervertretern ausgehandelt werden.
- Der Betrag, der als Prämie verdient wird, ist unterschiedlich, weil er von verschiedenen Faktoren abhängt, wie Art der Arbeit, Arbeitsablauf, Qualität der Rohstoffe und Maschinenauslastung.
- Das Risiko der Vernachlässigung der beruflichen Sorgfaltspflicht steigt in diesem System. Produktionsstunden und -zahlen werden nicht richtig registriert. Arbeitsnormen werden oft sehr großzügig ausgelegt, jedoch verheimlichen die Arbeiter solche Fehler.
- Es ist sehr schwer, neue Methoden oder Techniken einzuführen, weil solche Veränderungen unmittelbar den Verdienst der Arbeiter beeinflussen.
- Bei diesem System verliert die Betriebsführung die Kompetenz, die Arbeiter anzuweisen. Wenn ein Arbeiter seine Zeit vergeudet und zurechtgewiesen wird, kann er schlagfertig antworten, daß er das ja auf eigene Kosten tue.
- Allgemein kann man sagen, daß solche Systeme unsoziales Verhalten fördern. Die Arbeiter kümmern sich nicht um Qualität und verlieren jedes echte Interesse an ihrer Arbeit. Ihr einziger Gedanke dreht sich um die Prämie.

So kann man sagen, daß Leistungssysteme schwerwiegende Nachteile haben. Menschliches Potential wird vergeudet. Der Papierkrieg nimmt zu. Konflikte werden auf viele verschiedene Arten und Weisen verschärft und all das führt zu schrittweiser Ausbreitung von Disziplinlosigkeit und Mißwirtschaft im Unternehmen.

Verschiedene Leistungssysteme

Expertenmeinungen unterscheiden sich scharf in der Beurteilung des Wertes finanzieller Leistungsanreize; einige argumentieren, daß gut überlegte Systeme sehr vorteilhaft sein können. Es ist durchaus möglich, daß dort, wo der Produktionsprozeß statisch ist und die Leistung einfach und unmittelbar gemessen werden kann, solche Systeme gut funktionieren können. Die allgemeine Auffassung ist jedoch heute, daß solche Systeme keinen Erfolg versprechen und sie eher dazu geeignet sind, schwerwiegende Probleme bei der Betriebsführung zu schaffen.

In Europa und auch in Amerika wird deshalb immer weniger Gebrauch von finanziellen Leistungsanreizen gemacht, so daß heute weniger als ein Drittel der Industriearbeiter in diesen Ländern in Leistungssystemen arbeiten. Es werden von Zeit zu Zeit immer wieder neue Varianten solcher Projekte entwickelt. Einige wollen wir anschließend kurz erörtern.

Der Scanlon-Plan

Bei diesem System werden Löhne in einem gewissen Verhältnis zu der Wertschöpfung (beispielsweise Umsatz minus Werkstoffe und so weiter) für das gesamte Unternehmen gehalten. Die genaue Formel, die angewendet wird, variiert von Unternehmen zu Unternehmen und ist ziemlich kompliziert. Die Verfechter dieses Systems argumentieren, daß es sich von der normalen Akkordentlohnung stark unterscheidet. Es beziehe die gesamte Belegschaft ein und führe deshalb zu besserer Ausnutzung des Wissens, der Fähigkeiten und Anstrengungen der ganzen Organisation.

Messung der Tagesarbeit

Anne Shaw, eine britische Expertin für Arbeitsmessung, ist die führende Verfechterin dieser Idee. Bei diesem Plan sind Produktionsstandards für verschiedene Arbeitsgänge erstellt. Sofern ein Arbeiter das vorgegebene Produktionsniveau einhält, bekommt er einen festgelegten Sonderzuschlag zusätzlich zu seinem Grundlohn. Dieser Zuschlag wird auch dann beibehalten, wenn die Produktion aufgrund eines Fehlers in der Betriebsführung eingeschränkt ist, beispielsweise bei ungenügendem Nachschub an Rohmaterial.

Wenn allerdings der Arbeiter den Standard unter normalen Voraussetzungen nicht erreicht, so wird dieser Zuschlag nicht gezahlt. Es heißt, daß dieses System leicht zu handhaben ist und gut funktioniert, weil den Arbeitern ein gleichbleibender Lohn garantiert ist.

Das Konzept der besten Anpassung

Es gibt kein einziges Entlohnungssystem, das unter allen Bedingungen gleich gut funktioniert. Ein Lohnsystem muß so aufgebaut sein, daß alle relevanten Faktoren berücksichtigt sind. Die unterschiedlichen Alternativen müssen überprüft werden und diejenige, die dann am besten paßt, sollte ausgewählt werden.

Lupton und Gowler haben eine derartige Methode zur Auswahl des Lohnzahlungssystems erstellt. Sie berücksichtigt einundzwanzig Variablen, die unter vier Kategorien klassifiziert sind: Technologie, Arbeitsmarkt, Konfliktlösungsverfahren und strukturelle Charakteristika. Das gesamte Verfahren ist sehr kompliziert und es ist zweifelhaft, ob diese Methode wirklich praktisch durchführbar ist.

Ist Geld ein Motivator?

Steigende Löhne, Prämien und andere Leistungen sind inzwischen zu einer Art Anrecht der Beschäftigten geworden. Werden sie verweigert, kann ein Streik folgen, werden sie jedoch gewährt, muß daraus keine Produktivitätssteigerung entstehen. Geld ist eben auch verführerisch und zuweilen korrumpierend, und es kann darum ein trügerischer Leistungsanreiz sein.

Wenn jemand in seiner Arbeit nur eine Quelle des Gelderwerbs sieht, so fängt er an, über Möglichkeiten nachzudenken, wie er möglichst rasch an immer mehr Geld herankommt, ohne wirklich mehr zu leisten. Vielleicht ist er bereit, unehrliche Praktiken anzuwenden.

Auf jeden Fall kann man mit Gewißheit sagen, daß die beste Arbeit nicht von jemanden geleistet wird, der ausschließlich nach mehr und mehr Geld trachtet. Die beste Arbeit leistet derjenige, der möglichst hohe qualitative Leistung erbringen möchte.

Eine bessere Methode, die Produktivität zu erhöhen

Es ist nicht ratsam, übertriebenes Vertrauen in finanzielle Leistungsanreize zu setzen. Es sollte aber sichergestellt sein, daß angemessene Löhne und Gehälter gezahlt werden und entsprechende Sozialeinrichtungen zur Verfügung gestellt werden. Abgesehen von den finanziellen Leistungsanreizen gibt es aber noch viele andere und wirkungsvollere Maßnahmen zur Produktivitätssteigerung.

Zuallererst einmal muß das Management seine eigene Produktivität verbessern. Es sollte eine ordnungsgemäße Instandhaltung der Anlagen und Maschinen, eine ausreichende Materialversorgung sowie eine systematische Arbeitsplanung sicherstellen. Auch die Ausbildung der Mitarbeiter wird oft vernachlässigt. Dabei kann bereits die richtige Auswahl und Ausbildung der Mitarbeiter eine fühlbare Steigerung der Produktionsleistung bringen. Ähnlich ist auch das Marketing ein oft vernachlässigter Schlüsselbereich.

11. Streß bei der Arbeit: Ursachen und Gegenmaßnahmen

Was Streß kostet

Heutzutage ist allgemein bekannt, daß Streß bei der Arbeit seelische Krankheiten hervorrufen kann. Man schätzt, daß verschiedene Formen seelischer Krankheit für den Ausfall von dreimal soviel Arbeitstagen verantwortlich sind, wie durch Arbeitskämpfe verloren gehen. Der britische Robens-Bericht „Sicherheit und Gesundheit am Arbeitsplatz" führt aus, daß ungefähr 23 Millionen Arbeitstage im Jahr durch Arbeitsunfälle in der Industrie verloren gehen. Es ist daher offensichtlich ein ernstes Problem, und zwar nicht ausschließlich medizinischer, sondern in erster Linie organisatorischer Natur. So muß notwendigerweise durch die Organisation der Arbeit den Bedürfnissen der Menschen entsprochen werden.

Ursachen von Streß

Streß kann in verschiedenen Faktoren hervorgerufen werden. Es ist erwiesen, daß ein gewisser Geräuschpegel notwendig ist, um die Wachsamkeit eines Menschen aufrechtzuerhalten. Ein weiterer Anstieg allerdings wirkt sich ungünstig auf seine Leistung aus. Untersuchungen haben ergeben: Die Fehlerquote steigt an, sobald der Geräuschpegel sich vom Gewohnten unterscheidet.

Müdigkeit und Schichtarbeit sind ebenso Ursachen von Streß. Die meisten Menschen ziehen es vor, ständig in Tagesschichten zu arbeiten. Ihr biologisches System kann sich tagsüber am besten auf Arbeit einstellen. Wechselschichten schaffen dagegen viele Probleme. Es ist nicht so leicht möglich, sich dem Wechsel der Arbeitszeit anzupassen. Hitze und Luftfeuchtigkeit tragen ebenfalls zur Minderung der Leistung bei.

Auch wenn jemand überarbeitet ist, wenn von ihm Dinge verlangt werden, die außerhalb seiner Möglichkeiten liegen, seien sie nun physischer oder intellektueller Natur, so steht er unter Streß. Ein Mitarbeiter kann beispielsweise nicht 16 Stunden am Tag konzentriert arbeiten. Ein Student ist nicht in der Lage, sich das Konversationslexikon einzuprägen. Das Kurzzeitgedächtnis eines Durchschnittsmenschen (die Anzahl der Punkte, die er behalten und sofort hinterher wiedergeben kann) hat den Umfang von ungefähr sieben Einheiten nicht miteinander in Verbindung stehender Zahlen oder Wörter. Fordert man ihn nun auf, sich 10stellige Telefonnummern einzuprägen, ist dies für ihn eine geistige Belastung.

Aber auch zu wenig Arbeit ist Ursache für seelischen Druck. Liegt eine Aufgabe weit unter den intellektuellen Fähigkeiten, so findet man sie abstoßend und langweilig.

Nochmals: Wenn es nicht genug zu tun gibt, um jemanden ausreichend zu beschäftigen, nimmt die Langeweile überhand. Die meisten Menschen arbeiten am besten, wenn sie einen festen Termin haben. Sie wollen ihn einhalten und gehen natürlich voller Elan an ihre Arbeit. Andererseits, falls kein fester Termin vorgeschrieben ist, schieben sie ihre Arbeit vor sich hin, und sie wird selten in vertretbarer Zeit erledigt.

Die Menschen empfinden auch dann Streß, wenn sie in ein neues Unternehmen eintreten. Es kostet Zeit, bis man sich an seine Kollegen und die Umgebung gewöhnt hat. Das erste Jahr eines Mitarbeiters kann anstrengender sein als alle darauf folgenden. Die Fähigkeit des Menschen, sich Neuem anzupassen, ist begrenzt. Die Untersuchung von 2.000 Unfällen hat ergeben, daß bereits kleine Veränderungen in der Belegschaft (zum Beispiel der Wechsel eines Vorarbeiters) eine Rückwirkung auf den gesamten Betrieb hat.

Arbeiter stehen oft unter beträchtlicher Anspannung, wenn ihr

Verdienst durch ein Leistungslohnsystem bestimmt wird, und/ oder er von der Höhe geleisteter Überstunden abhängt. Ihre Ausgaben haben in Erwartung eines regelmäßig steigenden Einkommens zugenommen, und es beunruhigt sie die Frage, ob sie überhaupt in der Lage sind, genug zu verdienen, um diese höheren Kosten aufzufangen.

Jeder Mensch fühlt sich bedroht, sobald die Privatsphäre verletzt wird. Ein persönlicher Bereich umgibt jeden von uns und wir fühlen uns unbehaglich, wenn ein Fremder ihn betritt. Wenn ein leitender Angestellter, der es gewohnt ist, ein eigenes Büro zu haben, gebeten wird, dies mit einem neuen Kollegen zu teilen, so wird er sich außerordentlich unwohl dabei fühlen.

Führungskräfte müssen auch in unklaren und ungewissen Situationen Entscheidungen treffen. Oft sind die verfügbaren Unterlagen nicht komplett und zukünftige Konsequenzen können nicht im entferntesten abgeschätzt werden. Entscheidungen in solchen Situationen treffen zu müssen, bedeutet starken seelischen Druck für sie. Es gibt Menschen, die solchen unklaren Situationen nicht gewachsen sind.

Ein unbestimmter Leistungsmaßstab ist eine andere Streßursache. Im allgemeinen mögen Leute ihre Arbeit und sie wollen etwas erreichen. Wenn Sie sich jedoch nicht darüber im klaren sind, was von ihnen erwartet wird und wie ihre Leistung bewertet wird, so sind sie verunsichert und verängstigt. Für einige Tätigkeiten gibt es keine genauen festgelegten Leistungsnormen. Es gibt einfach keine objektive Leistungsbeurteilung, und es ist schwer zu sagen, was die gute Leistung ausmacht. Management by Objectives überwindet diese Schwierigkeiten bis zu einem gewissen Grad.

Auch die Leistungsbeurteilung kann Ursache für starken seelischen Druck sein. Es ist ein Trugschluß zu glauben, daß Menschen ihre Leistungen verbessern, wenn man sie auf ihre tatsächlichen oder vermuteten Fehler hinweist.

Die Revision basiert auf dieser Annahme. Ihre einzige Aufgabe besteht darin, Fehler ausfindig zu machen. Selbst wenn ein Unternehmen erfolgreich ist, wird die Revision nur die Versäumnisse, Fehler, Verluste und Mängel aufzeigen. Revision verursacht immer Streß bei denjenigen, die die Verantwortung dafür tragen, daß das Unternehmen weiterbestehen kann.

Besonders auf dem Gebiet der Arbeitnehmer-Arbeitgeber-Beziehungen gehört eine Art des Null-Summen-Spiels zum Alltag: Was die Mitarbeiter gewinnen, verliert die Führung, sei es in Form von Einfluß, Ansehen oder Geld. Personalleiter zum Beispiel stehen aus diesem Grund ständig unter Streß.

Genauso sind nicht alle Menschen in der Lage, ihre Arbeit systematisch zu organisieren oder ihr Arbeitstempo selbst festzulegen. Wenn sie sich selbst überlassen werden, so fühlen sie sich verunsichert. Ebenso wie ein sehr alter Mann nicht alleine, ohne Hilfe, spazieren gehen kann, benötigen gerade ältere Arbeitnehmer ausdauernde Führung, Vertrauen und Unterstützung bei der Arbeit.

Es gibt immer Konflikte zwischen Arbeits- und Privatleben. Konzentriert man sich übermäßig auf die Büroarbeit, dann beschwert sich vielleicht der Ehepartner darüber, vernachlässigt zu werden. Manchmal ist einem auch die Arbeit selbst zuwider. In einer Studie wurde herausgefunden, daß weibliche Arbeiter der Sprengstoffabteilung einer Firma diese häufig verließen, weil sie Gewalt und Zerstörung verabscheuten.

Auch Freiheit und Erfolg können beängstigend sein. Man hat häufig festgestellt, daß Gewinner einer Lotterie einfach nicht wissen, was sie mit ihrer ungeheuren Geldsumme anfangen sollen und unter diesem Druck zerbrechen. Aus diesem Grunde bieten Lotteriegesellschaften den Gewinnern nun persönliche sowie psychologische Beratung an.

Der Streß und seine Folgen

Streß kann sich in verschiedener Hinsicht schädlich auswirken. Er kann beispielsweise den Blutdruck oder das Verdauungssystem beeinflussen. Vielleicht verliert jemand plötzlich die Nerven, es treten Magengeschwüre oder Herzerkrankungen auf. Ein anderer wiederum wird mürrisch und verliert jedes Interesse an seiner Arbeit. Er arbeitet immer weniger und bleibt seinem Arbeitsplatz über längere Zeiträume hinweg ohne sichtbaren Gund fern. Unter Umständen beginnt er zu rauchen, zu trinken und übermäßig zu essen. Möglicherweise gerät er gar auf die schiefe Bahn, oder er verliert vielleicht seine Selbstbeherrschung.

Organisatorische Maßnahmen

Firmen sollten mit dem Problem Streß folgendermaßen umgehen: Man muß sich darüber im klaren sein, daß ein gewisses Maß an Streß durchaus wünschenswert ist. Die Situation der einzelnen Mitarbeiter eines Unternehmens sollte mit derjenigen vergleichbar sein, die ein Examenskandidat in einer fairen Prüfung erlebt. Wer seinen Aufgaben mit Geschick, Verantwortungsgefühl und Verständnis nachkommt, der wird auch die Prüfung ohne übermäßige Anstrengungen bestehen. Er ist auf diesen Test vorbereitet und glücklich, daß er ihn bestanden hat. Wäre allerdings der Test übertrieben streng und schwer, dürfte dies bestimmt großen Ärger hervorrufen. Unternehmen sind daher gut beraten, wenn sie versuchen, zwischen den Arbeitsfähigkeiten des einzelnen Mitarbeiters und den jeweiligen Arbeitsplatzanforderungen ein Gleichgewicht herzustellen. In dem Maße, in dem er sich verbessert, sollte ihm größere Verantwortung übertragen werden, so daß das Verhältnis ausgewogen bleibt.

Es ist für ein Unternehmen wichtig, Daten über Fehlzeiten, Unfälle, Krankheit, Zuspätkommen, kleine Diebstähle sowie bewußte Beschädigungen von Anlagen und Maschinen systematisch zu sammeln und zu analysieren. Also ist es schon von daher sinnvoll, einen Betriebsarzt zu beschäftigen. Die Arbeitsbedingungen für die Beschäftigten sollten vernünftig sein. Lärm, Temperatur und Luftfeuchtigkeit sollten genau kontrolliert werden. Die Konstruktion von Büros ist auch heute noch sehr häufig mangelhaft.

Großraumbüros machen es einem unmöglich, in Ruhe zu arbeiten. Die Schreibmaschinen und Telefone anderer beeinträchtigen die Konzentration. Ein gewisser Privatbereich ist erwiesenermaßen für Ausgeglichenheit und gute Arbeit unentbehrlich.

Seriöse Selektion und Einarbeitung

Wenn neue oder freie Stellen annonciert werden, vermitteln viele Firmen einen falschen Eindruck über deren Bedeutung innerhalb des Unternehmens. Diese Art Täuschung wirkt sich negativ aus: Sie führt natürlich zu Frustration und resultiert in häufigem Arbeitsplatzwechsel. Ein neu eingestellter Mitarbeiter benötigt während der ersten Tage eine sachgemäße Einführung und Unterstützung. Falls er schlecht behandelt oder nicht beachtet wird, fühlt er sich hilflos und kommt sich verloren vor.

Streßfaktoren bei Führungskräften

Der Streß, dem Führungskräfte ausgesetzt sind, ist beträchtlich. Zu den wichtigsten Streßfaktoren gehören:
- übermäßige Arbeitsbelastung
- übermäßige innerbetriebliche Konflikte
- Ehrgeiz und unsaubere Geschäftspraktiken und
- Lustlosigkeit durch eintönige Arbeit.

Eine ständige Arbeitsüberlastung kann ernsthafte Probleme verursachen. Der Mitarbeiter befindet sich mit seiner Arbeit fast immer im Hintertreffen, und je mehr sich die Rückstände anhäufen, um so weniger kann er erledigen. Ein Gefühl der Hilflosigkeit befällt ihn, der vielleicht verzweifelt versucht, die Situation in den Griff zu bekommen. Ein Psychologe hat folgendes beobachtet:
„Ich habe momentan einen Fall – die Frau eines leitenden Angestellten. Sie ist eine charmante, gebildete Frau. Aber die Tatsache, daß ihr Mann niemals Zeit für sie hat, belastet sie immens. Ihr Mann bringt die Aktentasche immer mit nach Hause. Dann

arbeitet er, oder er schläft ein. Er kommt ihr vor wie ein Untermieter, nicht wie ihr Ehemann."

Harry Levinson ist eine anerkannte Autorität auf dem Gebiet Streß bei Führungskräften. Er meint, gerade Führungskräfte mittleren Alters sollten bestehende Probleme offen mit ihren Partnern durchsprechen, um sich neu zu orientieren und ihr Familienleben wieder in Ordnung zu bringen.

Ständige Arbeitsüberlastung kann die Folge verschiedener Faktoren sein. Vielleicht ist die Arbeit nicht richtig delegiert worden oder wird unsystematisch erledigt und sammelt sich daher an. Müdigkeit und Hilflosigkeit führen zu unerträglichem Streß. Will ein Mitarbeiter leistungsfähig bleiben, so muß er sich ausreichend entspannen können. Nur dann kann er klar und schnell denken.

Harold Wilson, der frühere Premierminister des Vereinigten Königreichs, sagte, daß ein Premier, der nicht 8 oder 10 Stunden (wenn es sich einrichten läßt) schlafen kann, bald abtritt. Den richtigen Rhythmus zwischen Arbeit und Ruhe zu finden, ist eine Kunst. Geeignete Arbeitstechniken müssen gelernt werden.

Konflikte innerhalb des Unternehmens

Konflikte gibt es zu jeder Zeit in jedem Unternehmen. Es gibt dabei unterschiedliche Aspekte, wie zum Beispiel Konflikte zwischen Unternehmensleitung und Gewerkschaften und zwischen Mitarbeitern.

Auseinandersetzungen zwischen Unternehmensleitung und Gewerkschaften sind nicht leicht zu lösen. Es gibt keine Patentlösungen für die Beziehung zwischen den Tarifpartnern. Aber eine Führungskraft kann mit den Problemen sehr viel besser fertig werden, wenn sie versucht, die Auseinandersetzung konstruktiv zu gestalten und dabei nicht auf unfaire Tricks zurückgreift. Er muß eine wirklichkeitsnahe Einstellung haben, die durch genau festgelegte Prinzipien gesteuert wird. Ehrlichkeit und Offenheit können viel dazu beitragen, eine gespannte Lage zu entschärfen.

Was Konflikte zwischen Mitarbeitern angeht, so können diese wesentlich reduziert werden, wenn man dem anderen Respekt zollt, auch wenn man nicht einer Meinung mit ihm ist. Die folgenden Grundregeln können vielleicht hilfreich sein: „Handele so, daß Gemeinsamkeiten und nicht Differenzen deutlich werden. Schaffe nicht weitere Unstimmigkeiten. Kritisiere niemanden in dessen Abwesenheit. Denke daran, daß Menschen nur Menschen sind und auch die besten manchmal etwas vergessen. Versuche lieber herauszufinden, was jemand an guter Arbeit geleistet hat, als herauszubekommen, was er unterlassen hat."

Rollenkonflikte können konstruktiv gelöst werden, wenn man sie unter einer gemeinsamen Zielsetzung sieht. Falls beispielsweise der Vorgesetzte und der Mitarbeiter beide der Meinung sind, daß das Produkt perfekt sein muß, kann Zusammenarbeit an die Stelle der Meinungsverschiedenheit treten.

Ehrgeiz

Man muß realistisch sein und sollte keine Luftschlösser bauen. Es gibt schließlich nur eine Spitzenposition in jeder Firma, und nur eine Person kann sie jeweils innehaben. Man sollte nicht zu hoch hinaus wollen und dabei die Grenzen seiner Fähigkeiten und das tatsächlich Machbare bei der Verwirklichung seiner Träume vergessen.

Viele Menschen sind an ihrem krankhaften Ehrgeiz zerbrochen, wie Shakespeares Macbeth. Der beste Ehrgeiz besteht darin, die eigene Arbeit so weit wir nur eben möglich zu verbessern. Dies ist eine enorme Aufgabe. Man muß auch zur Kenntnis nehmen, daß Enttäuschung ein Teil des Lebens ist und man muß bereit sein, Rückschläge gefaßt hinzunehmen.

Lustlosigkeit durch eintönige Arbeit

Das ist eine wirkliche Gefahr. Viele Führungskräfte entwickeln keine Initiative mehr, weil sie jahrelang von denselben Aufgaben in Anspruch genommen werden. Eine Führungskraft muß neben der Erledigung ihrer täglichen Arbeit auch noch Begeisterung für die Arbeit entwickeln und erhalten, damit sie energisch und dynamisch bleibt.

Peter Drucker hat dazu das folgende ausgezeichnete Beispiel einer sehr erfolgreichen Karriere auf zwei Gebieten gegeben: Walter Leaf war der Leiter der größten Bank Englands und Autor eines der besten Bücher über das Bankwesen. Er war aber auch ein Kenner der Schriften Homers.

Anläßlich seiner Beisetzung, 1927, erfuhren die Gelehrten, daß ihr Kollege ein bekannter Bankier gewesen war. Die Bankiers ihrerseits stellten ebenso überrascht fest, daß ihr Walter Leaf derjenige Wissenschaftler war, der die Theorie endgültig zerstört hatte, die Werke „Ilias" und „Odyssee" seien von zwei verschiedenen Schriftstellern verfaßt worden.

Er hatte in zwei verschiedenen Welten gelebt, sie völlig auseinandergehalten und sich doch in jeder hervorgetan. Beständig an seinen Werten und Prinzipien festzuhalten, ist schießlich das beste, was eine Führungskraft erreichen kann. Sie muß ihre Fähigkeiten und Autorität für das Wohlergehen des Unternehmens und die dort beschäftigten Menschen einsetzen. Eine Führungskraft, die dies wirklich immer im Auge behält, wird auch mit sich selbst in Einklang leben.

12. Das „Managerial Grid" (Team-Management)

Ziel dieses Kapitels ist es zu untersuchen, wie sich verschiedene Führungsstile auf die Arbeit einer Organisation auswirken und dabei das beste Führungskonzept zu beschreiben.

Führungskräfte setzen ihre Ziele auf verschiedene Weise fest. So sagen einige beispielsweise, was allein zähle, sei die Produktivität. Es interessiert sie nicht, ob die Beschäftigten dabei zufrieden sind oder nicht. Andere wiederum vertreten den Standpunkt, daß der wichtigste Faktor die Zufriedenheit ihrer Mitarbeiter ist. Es gibt also unterschiedliche Standpunkte zu den verschiedenen Managementaufgaben. Und es gibt verschiedene Führungsstile.

In dem von Blake und Mouton entwickelten „managerial grid" lassen sich die verschiedenen Führungsstile grafisch darstellen. Sie selbst gehören zu den bekanntesten Managementexperten in der Welt, und das von ihnen entwickelte Konzept ist ungewöhnlich erfolgreich. In diesem Kapitel werden ihre Ideen auf möglichst einfache Weise erklärt.

Zwei Grundannahmen bilden die Ausgangsbasis: Konzentration auf die Produktion und Konzentration auf die Beschäftigten, wobei beides in vielen Abstufungen existieren kann.

Der Einfachheit halber sollen hier aber nur folgende fünf Kombinationen betrachtet werden.

- höchste Aufmerksamkeit auf die Produktion, geringste auf die Beschäftigten;

- höchste Aufmerksamkeit auf die Beschäftigten, geringste auf die Produktion;

- niedrige Aufmerksamkeit auf die Produktion sowie auf die Beschäftigten;

- gleiche Aufmerksamkeit auf die Produktion und auf die Beschäftigten und

- hohe Aufmerksamkeit sowohl auf die Produktion als auch auf die Beschäftigten.

(Letzteres wird als Team-Management bezeichnet).

Mit Produktion sind hier nicht nur Güter gemeint, sondern ebenso Ideenreichtum, Verkäufe, Entscheidungen auf höchster Ebene und anderes mehr, was zur Leistungsfähigkeit des Unternehmens beiträgt. Ähnlich hat auch der Begriff Konzentration auf die Beschäftigten eine weitere Bedeutung. Er beinhaltet auch Aspekte wie deren Selbstachtung und ihren starken Wunsch nach kameradschaftlicher Verbundenheit und gerechter Behandlung.
Die Bedeutung dieser verschiedenen Führungsstile wird in den nächsten Abschnitten erklärt.

Höchste Aufmerksamkeit auf die Produktion, geringste auf die Beschäftigten

Grundannahme für diesen Führungsstil ist, daß das Management in erster Linie für die Produktion verantwortlich ist. Die Bedeutung, die der Produktion beigemessen wird, geht daher nicht Hand in Hand mit der Konzentration auf die Belange der Beschäftigten. Beide Erfordernisse stehen sich also konträr gegenüber.
Der Unternehmer und der Manager, die auf diesem Niveau arbeiten, führen ein strenges Regiment. Sie selbst arbeiten hart und erwarten dasselbe von allen anderen. Sie halten es für richtig, die gesamte Einteilung und Planung der Arbeit selbst vorzunehmen. Sie beobachten eingehend die Fortschritte bei der Arbeit und bereiten die weiteren Pläne vor. Die Beschäftigten sind für die nur Mittel zum Zweck, und ihr Befinden, ihre Freude und Sorgen

kümmern sie nicht. Für sie ist der Maßstab aller Dinge die Produktivität und der Gewinn.

Sie halten auf strenge Disziplin. „Wer nichts schafft, fliegt raus", lautet ihre Devise. Sie befehlen und erwarten absoluten Gehorsam. Das alles läßt schwerlich irgendeinen Raum für Mitwirkung oder auch nur für eine ehrliche Meinungsäußerung. Eigeninitiative ist nicht gefragt. Fehler werden nicht geduldet, und die Mitarbeiter haben keine Chance, sich weiterzuentwickeln. Die gesamte Organisation funktioniert in mechanischer Art und Weise und Kreativität wird erstickt. Die menschlichen Talente werden dadurch vergeudet.

Höchste Aufmerksamkeit auf die Beschäftigten, geringste auf die Produktion

Dieser Führungsstil ist gekennzeichnet durch die tiefe Sorge um das Wohl der Beschäftigten. Konzentration auf die Produktion wird für unvereinbar mit dem Interesse für die Beschäftigten gehalten. Das Leitmotiv ist, sich um die Beschäftigten zu kümmern wie in einer Familie.

Aus diesem Grunde trachtet die Unternehmensleitung danach, Arbeitsbedingungen zu schaffen, die eine angenehme Arbeit ohne übermäßige Belastung ermöglicht. Die Sicherheit der Beschäftigten ist ihr wichtiger als rationelle Produktion, dementsprechend beweglich wird die Planung gehandhabt. Den unterstellten Mitarbeitern wird lediglich ein allgemeiner Hinweis auf die Produktionsanforderungen gegeben, der aber oft nicht weiter ernst genommen wird. Der Manager sieht seine unterstellten Mitarbeiter sehr oft und spricht mit ihnen über die Produktion. Er ist jederzeit für sie da und übt fast nie Kritik an ihnen. Er erkennt ihre Leistung an und ermutigt sie. Er versucht nicht, sie zu beherrschen. Er leitet sie auch nicht, sondern sein Führungsstil heißt, ihnen zu helfen.

Fehler behandelt er mit Nachsicht, denn er weiß, daß sie unvermeidlich sind. Darum fehlt es in der gesamten Organisation an

Disziplin und einheitlicher Richtung. Die Firma wird geführt wie eine große zufriedene Gruppe, ähnlich einem Gesellschaftsclub. So werden beispielsweise Kaffeepausen großzügig gewährt, damit die Leute ausruhen und ein angenehmes und leutseliges Schwätzchen in einer Art gesellschaftlichem Treff haben können.

Oberstes Ziel des Managements ist, Konflikte und Spannungen zu vermeiden. Die Beschäftigten machen es sich dabei genauso bequem wie der Boß. Neue Ideen finden kaum Beachtung und Unterstützung, denn sie würden ja nur die behagliche Atmosphäre stören.

Um es zusammenzufassen: Das Arbeitstempo ist ruhig und bequem zu schaffen. Allerdings gibt es auch keine Herausforderungen an die Fähigkeiten des einzelnen. Die Arbeit wird routinemäßig abgewickelt. Die jeweilige Arbeitsgruppe, nicht das Einzelwesen ist die Grundheit des Unternehmens. Die wichtigen Werte sind Freundlichkeit, Harmonie und Zufriedenheit. Der Chef ist vergleichbar einem freundlichen großen Bruder. Etwas Arbeit wird natürlich erledigt.

Geringe Aufmerksamkeit auf Produktion und Beschäftigte

Das ist der schwächste Führungsstil. Seine hauptsächlichen Merkmale sind Teilnahmslosigkeit und der Mangel an Energie. Planung existiert fast gar nicht. Die Kontrolle ist ebenfalls nachlässig, und die Beschäftigten arbeiten, wie es ihnen gefällt. Man erwartet von ihnen, daß sie ihre Probleme selbst lösen. Vorgesetzte fungieren als Kuriere. Es gibt keine Ziele und Zwänge, um ein fest umrissenes Ergebnis zu erzielen. Dies sind die Symptome eines sterbenden Unternehmens, und eine nähere Betrachtung erübrigt sich.

Gleiche Aufmerksamkeit
auf Produktion und Beschäftigte

Dieser Führungsstil zielt darauf ab, beide Forderungen im Gleichgewicht zu halten: Interessen der Beschäftigten und die Produktion. Beide Interessen scheinen sich zu widersprechen, so daß keine von beiden maximiert werden kann. Wenn zum Beispiel größere Aufmerksamkeit der Produktion geschenkt wird, bedeutet dies automatisch weniger Aufmerksamkeit für die Interessen der Beschäftigten. Das wäre eine Situation, die von den Mitarbeitern sicher übelgenommen würde. Es gäbe unnötige Konflikte, die wiederum die Produktion behindern würden. Der vernünftige Weg ist darum, die beiden Interessen im Gleichgewicht zu halten.

Dieser Führungsstil macht sich eine Mittelposition zu eigen und versucht, Extreme in beide Richtungen zu vermeiden. Beispielsweise werden Mitarbeiter bei der Planung ganz allgemein ins Vertrauen gezogen. Allerdings wirken sie weder vollständig bei der Verfolgung der Planziele mit, noch werden sie darüber gänzlich im unklaren gelassen. Ähnlich wird der Arbeitsfortschritt in regelmäßigen Abschnitten überprüft, ohne aber starr auf dem Erreichen der Planziele zu bestehen. Plötzlich auftretende Schwierigkeiten, Ziele zu erreichen, werden berücksichtigt.

Wenn ein Fehler passiert, wird dieser zunächst mit Nachsicht betrachtet. Es wird aber zugleich auch klargestellt, daß jede Wiederholung eine deutliche Reaktion auslösen würde. Der Unternehmer und der Manager wird seine Mitarbeiter nicht kommandieren oder anleiten, sondern motivieren. Er führt sie, tauscht Meinungen mit ihnen aus und zieht sie sogar zu Rate.

Bei diesem Führungsstil geht man methodisch vor. Man beachtet Regeln und Verfahren, die dazu geeignet sind, Spannungen zu minimieren. Die Organisation gleicht einer Maschine, in der alle Teile richtig synchronisiert und gut geölt sein müssen. Regeln erleichtern die Synchronisation und das Interesse für die Beschäftigten ölt das System.

Das Leistungssoll wird nicht allzu hoch angesetzt, weil das Unternehmen Konflikte und Unsicherheiten zu vermeiden sucht. Es ist daher nicht wirklich kreativ und innovativ, und Mittelmäßigkeit ist sein Kennzeichen.

In oberflächlicher Weise versucht man zwar, die Fähigkeiten der Beschäftigten zu nutzen. Zu diesem Zweck werden verschiedene Tricks und Techniken, wie Brainstorming und betriebliches Vorschlagswesen eingesetzt. Diese Schritte können jedoch in bestimmten Fällen sogar die Kreativität bremsen. Und das betriebliche Vorschlagswesen kann in Einzelfällen durch die Abneigung entstehen, Themen mit Untergebenen persönlich zu besprechen.

Zusammenfassend kann man sagen, daß die Firma bürokratisch bleibt und die Beschäftigten nur sehr begrenzt ins Vertrauen gezogen werden. Es ist daher nur zu verständlich, daß die Kreativität versiegt und das Unternehmen dadurch verarmt.

Hohe Aufmerksamkeit auf die Produktion und die Interessen der Beschäftigten

Team-Management – der beste Führungsstil – berücksichtigt die Produktion genauso wie die Menschen. Die Grundannahme ist dabei, daß diese beiden Forderungen – also Berücksichtigung der Produktion sowie der Beschäftigten – sich nicht widersprechen, sondern gegenseitig ergänzen. Berücksichtigung der Beschäftigten bedeutet eigentlich Interesse an ihrer Entwicklung. Diese Entwicklung findet statt, wenn den Beschäftigten Vertrauen entgegengebracht wird und ihnen möglichst viel Gelegenheit zur Mitwirkung im Unternehmen eingeräumt wird.

Andererseits können die Voraussetzungen der Produktion nicht ohne die kreativen Bemühungen der Beschäftigten in einem Unternehmen erfüllt werden. Unternehmen arbeiten am besten und entwickeln sich weiter, wenn die Beschäftigten dies auch tun. Beide entwickeln sich gleichzeitig und tragen so zum gemeinsamen Wachstum bei. Dieser Führungsstil wird auch Team-Management genannt und ist nach Ansicht von Blake und Mouton der beste.

Gute Arbeit wird im allgemeinen als Ergebnis von Teamarbeit geschätzt und anerkannt. Herausragende persönliche Leistungen eines Mitarbeiters werden jedoch ebenfalls beachtet. Unter solchen Voraussetzungen geben Menschen ihr Bestes.

Aus Besprechungen und Beratungen kann sich ein wirkliches Verständnis für die Probleme einer Firma hinsichtlich Erfolgsbedingungen und notwendiger Investitionen entwickeln. Wenn sich dieses Verständnis aufgebaut hat, fördert es die Mitwirkung und setzt das kreative Potential der Mitarbeiter frei. Wenn eine derartige Atmosphäre herrscht, dann arbeiten die Menschen gern miteinander, sie arbeiten selbständig und sie kontrollieren ihre eigene Arbeit.

In einem Unternehmen dieser Art existieren festgefügte Teams. Es unterscheidet sich von denjenigen, die eine herkömmliche Betriebsführung praktizieren. Die Arbeitsmoral wird durch erfolgreiche Teamarbeit bei gegenseitigem Vertrauen, Respekt und Unterstützung vergrößert. Aufgabe des Chefs ist es, solche Teams zu bilden. Er fungiert dabei als Berater, Gutachter und Trainer. Er regt an, lenkt und lehrt durch sein eigenes Beispiel.

Der langfristige Nutzen dieses Führungsstils ist bemerkenswert. Er steigert die Unternehmensrentabilität. Das Verhältnis zwischen Management und Gewerkschaft wird besser. Die gesamte Organisation gewinnt an Solidität und bekommt neue Impulse. Die wirklichen menschlichen Bedürfnisse der Mitarbeiter werden durch die Arbeit in der Organisation erfüllt und zwischenmenschliche Beziehungen entwickeln sich auf breiter Front.

Zusammenfassend kann man sagen, daß dies bei weitem der erfolgversprechendste Führungsstil ist. Er fördert die umfassende Selbstverwirklichung des Mitarbeiters. Er macht die menschlichen Fähigkeiten und Kräfte voll nutzbar und erzielt den höchsten Produktivitäts- und Kreativitätsstand. Allerdings kann eine Organisation diese idealen Bedingungen nur schrittweise erreichen.

Das „managerial grid" hat in Nordamerika, Europa und Asien bemerkenswerte Erfolge erzielt. Dies gilt sowohl für die verschiedenen Arbeitsbereiche wie Produktion, Vertrieb und Forschung und Entwicklung als auch für die unterschiedlichen Organisationsformen wie Unternehmen, Gewerkschaften, Regierung und Wohlfahrtsorganisationen. Es kann kulturelle Grenzen überschreiten und in allen Ländern gleichermaßen erfolgreich sein.

13. Die Beziehung zwischen Firma, Arbeit und Arbeitnehmern

Verschiedene Managementtheorien

Das „Management" von Menschen und ihrer Arbeit ist eine schwierige Aufgabe, und eine Anzahl verschiedener Methoden sind von Zeit zu Zeit zu ihrer Lösung vorgeschlagen worden. Die zwei bekanntesten sind die Theorie X und Theorie Y.

Theorie X ist die traditionelle, während die von Douglas McGregor entwickelte Theorie Y neueren Datums ist. Seiner Ansicht nach gehen diese beiden Theorien von zwei gegensätzlichen Menschenbildern aus. Lassen Sie uns einen kurzen Überblick über beide verschaffen.

Theorie X

Die Grundannahmen dieser Theorie sind:

- Der Mensch ist von Natur aus faul. Er lehnt Arbeit ab. Er versucht, ihr möglichst aus dem Wege zu gehen.
- Der Mensch hat kaum Ehrgeiz. Er möchte keine Verantwortung tragen. Alles, wonach er strebt, ist Sicherheit.
- Menschen können ausschließlich mit Hilfe von Zwang, Kontrolle und Anweisungen zum Arbeiten veranlaßt werden. Die Alternative wäre, daß man sie ständig belohnt oder besticht.

In einer Firma, die diese Annahmen akzeptiert, werden Pflichten, Verantwortlichkeit und Einfluß eindeutig festgelegt. Es gibt eine richtige Befehlskette. Arbeit wird regelmäßig kontrolliert und Disziplin streng durchgesetzt.

Theorie Y

Die Aussagen dieser Theorie lauten folgendermaßen:

- Arbeit ist eine natürliche Aktivität. Sie ist so wichtig wie Spielen oder Ausruhen. Jeder übt gerne irgendeine Form von Arbeit aus.
- Jeder hat einen natürlichen Drang, sich vollständig zu entfalten.

Menschen tragen gerne Verantwortung, ergreifen Initiative und setzen auf diese Weise ihre Leistungsfähigkeit voll und ganz ein. Man nennt das Selbstverwirklichung. Sie ist das wichtigste menschliche Bedürfnis.

Zufriedenheit durch seine Arbeit kann der Mensch auf zwei verschiedene Arten und Weisen gewinnen. Wird jemand befördert oder für eine Arbeit gelobt, so ist er glücklich und zufrieden. Allerdings handelt es sich hierbei um extrinsische (durch Einflüsse von außen bedingte) Zufriedenheit. Wenn er andererseits um ein Problem gerungen hat und endlich die Lösung selbst findet, fühlt er sich intrinsisch (aus sich heraus) glücklich. Und diese von innen kommende Zufriedenheit ist dauerhafter.

Die Wirkung von Fremdkontrolle oder von Bestrafung hält nur kurze Zeit. Ausschließlich durch eigene Führung und Selbstkontrolle können dauerhafte Resultate erzielt werden. Unternehmen entwickeln sich nur dann am besten, wenn die Mitarbeiter mit Hingabe ihrer Tätigkeit nachgehen und selbst ihre Leistungen verbessern wollen. Sobald auf diese Weise gearbeitet wird, werden Firmen leistungsfähiger und kreativer.

Die eigentliche Aufgabe des Managements besteht darin, die Arbeit so zu organisieren, daß sowohl das Unternehmen als auch die Mitarbeiter sich weiterentwickeln. In solch einem Unternehmen herrschen nicht Regeln und Vorgaben vor. Disziplin bedeutet Selbstdisziplin. Die Mitarbeiter führen sich selbst mit Hilfe der Unternehmensziele. Sie vertrauen einander und kommunizieren frei. Sie arbeiten bereitwillig zusammen. Sie sind begeisterungsfähiger und kreativer. Solche Organisationen wachsen schnell.

Das Echo auf die Theorie Y

McGregors Theorie Y hat weltweite Anerkennung gefunden. Er selbst war der Auffassung, sie sei ganz und gar neu. Er fügte allerdings einschränkend hinzu, seine Annahmen seien noch nicht abschließend überprüft und bestätigt worden.

Etwas stiftete allerdings dann eine gewisse Verwirrung. So gab es recht viele Unternehmen, die gut mit den Annahmen der Theorie X zurechtkamen. Theorie Y hingegen brachte nicht mehr befriedigende Ergebnisse zustande. Warren Bennis, einer der Hauptverfechter der Theorie Y, versuchte, die Universität von Buffalo nach ihr neu zu organisieren. Der Versuch endete jedoch katastrophal.

Die Annahmen der Theorie Y gelten heute als zu vereinfachend. Der Mensch ist weit komplexer als er in dieser Theorie beschrieben wird. Theorie Y setzt beispielsweise voraus, daß Menschen arbeiten, um sich selbst verwirklichen zu können. In Wahrheit arbeiten viele jedoch in erster Linie des Geldes wegen. Selbstverwirklichung suchen sie vielleicht woanders oder denken überhaupt nicht an sie.

Managementexperten sind zu dem Ergebnis gelangt, daß die Wahrheit außerhalb der beiden Theorien zu finden ist. Eine neue, die „Zufallstheorie" (Contingency Theory), ist aufgestellt worden, um den Realitäten des Managements besser gerecht zu werden.

„Zufallstheorie": Übereinstimmung von Arbeit, Firma und Mitarbeitern

Ein sorgfältiger Vergleich von verschiedenen Unternehmen verdeutlicht, daß erfolgreiche und leistungsfähige Firmen weder identische Strukturen noch gleichen Managementstil aufweisen. Eine Firma arbeitet am besten, wenn Mitarbeiter, Arbeit und die Firmenstruktur sehr gut zusammenpassen.

Es gibt an sich keine ideale Firma. Jede einzelne muß auf die Anforderungen von Mitarbeitern und Tätigkeit zugeschnitten werden. Dies ist der wesentliche Inhalt der Contingency Theory. Genauer könnte man ihre Annahme wie folgendermaßen erklären:

- Menschen haben viele verschiedene Bedürfnisse. Ihre Verhaltensmuster unterscheiden sich ebenso deutlich. Aber es gibt ein gemeinsames Motiv, das die meisten Menschen teilen. Es handelt sich hierbei um das Bedürfnis, als kompetent anerkannt zu werden.

- Die Menschen haben jedoch auch noch andere Bedürfnisse, wie den Wunsch nach Einfluß, Anerkennung, Integration und nach Geld. Das Bedürfnis nach Kompetenz kann unterschiedlich ausgeprägt sein. Beispielsweise kann dieser Wunsch in einer Gruppe, die sich untereinander freundschaftlich verhält, abgeschwächt sein, denn man möchte seine Freunde nicht in den Schatten stellen, sondern statt dessen lieber die Gruppennormen anerkennen.

- Das Kompetenzbedürfnis wird am besten erfüllt, wenn die Organisationsstruktur Aufgaben klar zuordnet. Eine Lehranstalt jedoch beispielsweise kann man nicht strenger Disziplin unterwerfen. In einer Atmosphäre von Freiheit und Vertrauen arbeiten Lehrer nun einmal am besten.

- Der Drang danach sich weiterzuentwickeln hört nie auf. Je mehr man erreicht, desto höher setzt man sein eigenes Leistungsziel.

Die Stockton Forschungsstätte
und die Akron Fabrik

Dieser Theorie zufolge weisen erfolgreiche Firmen Strukturen auf, die genau zu ihren Aufgaben passen. Sobald diese Verbindung zwischen Arbeit und Struktur fest verankert ist, motiviert sie die Leute, besser zu arbeiten. Zur Verdeutlichung kann eine Fallstudie zweier erfolgreicher, aber unterschiedlicher Unternehmen hilfreich sein. Es handelt sich hierbei um die Stockton Forschungsstätte, ein Forschungslabor, und die Akron Fabrik, einen Industriekonzern. Beide arbeiten außerordentlich erfolgreich.

Die Stockton Forschungsstätte

Dieses Forschungslaboratorium beschäftigt sich mit Kommunikationsforschung und seine Belegschaft besteht aus Wissenschaftlern und Technikern. Das Unternehmen unterliegt keiner streng reglementierten Führung. Es herrscht dort Gleichberechtigung und ziemlich viel Freiheit.

Forschungsarbeit kann erst nach langer Zeit Früchte tragen, und Wissenschaftler müssen in der Lage sein, ihre Experimente ohne Störungen durchführen zu können. Gleichzeitig ist es aber für die Erreichung der Ziele ganz wichtig, daß die Einzeltätigkeiten genau koordiniert werden. Dies wird durch Gespräche und im Gedankenaustausch erreicht. In diesem Fall arbeitet das Management mit den Annahmen der Theorie Y.

Die Akron Fabrik

Alle Verfahren in dieser Fabrik sind standardisiert und rationalisiert. Da gibt es nicht viel Spielraum für persönliche Initiative und für innovative Methoden. Die Beaufsichtigung der Beschäftigten wird sehr genau durchgeführt und alle Tätigkeiten werden streng kontrolliert. Es gibt für alles Regeln. So ist beispielsweise sogar festgelegt, wieviel Scheuerpulver zur Säuberung der Toiletten verbraucht werden darf. Aber die Leute arbeiten trotzdem gern unter diesen Bedingungen und erzielen gute Leistungen. Ihrem Streben nach Kompetenz wird ausreichend Raum gegeben. Man sollte jedoch beachten, daß es sich bei diesen Beschäftigten nicht um hochqualifizierte Mitarbeiter wie Wissenschaftler handelt.

Sie ziehen es vor, unter strenger Beaufsichtigung zu arbeiten und sie sind sich bewußt, daß sich ohne solche Überwachung und scharfe Kontrolle die Produktivität nicht steigern lassen kann. Dieses Unternehmen repräsentiert die Vorstellungen von Theorie X.

Schlußfolgerung

Es müssen verschiedene Faktoren berücksichtigt werden, wie zum Beispiel:

- Wie weit sind Befugnisse zentralisiert oder dezentralisiert?
- Wie weit wird Arbeit durch Regeln und Verfahrensweisen gelenkt?
- Der Führungsstil des Unternehmens: Ist er autoritär oder partizipativ?
- Das Wesen der Arbeit: Wiederholt sie sich oder ist sie kreativ und innovativ?
- Die Qualifikation der Arbeitskräfte: Sind es angelernte, gelernte oder hochqualifizierte Mitarbeiter?

Weder Theorie X oder Y sind universell einsetzbar. Die Organisationsstruktur muß zu den Aufgaben der Menschen passen. Alle drei Elemente – Organisation, Aufgaben und Menschen – müssen miteinander harmonieren.

Das gemeinsame Merkmal von erfolgreichen Firmen ist die Tatsache, daß die Menschen ein starkes Bewußtsein für Kompetenz entwickeln. Psychologische Tests, die sowohl in der Stockton Forschungsstätte als auch in der Akron Fabrik durchgeführt

116

wurden, zeigten, daß die Menschen in beiden Organisationen davon überzeugt waren, daß ihre Arbeit ihren Fähigkeiten entsprach.

Kurz gesagt, die „Zufallstheorie" stellt daher einen praktischeren Ansatz für die Bewältigung von Managementproblemen dar, als die beiden anderen Theorien. Sie geht davon aus, daß der Mensch im allgemeinen einen Sinn für Kompetenz entwickelt, zusätzlich zu vielen anderen Wünschen, die er hat. Dies wird gefördert durch das gute Zusammenpassen von Aufgaben, Organisation und Menschen. Die Menschen werden gerne in einem streng kontrollierten Unternehmen arbeiten, wenn ihre Tätigkeit diese bestimmte Organisationsform erfordert.

Auf der anderen Seite werden Wissenschaftler und Künstler, die Unabhängigkeit und Kreativität lieben, sich in solcher Atmosphäre nicht wohl fühlen. Sie benötigen eine andere Art der Organisation, in der größere Freiheit, Gleichheit und gegenseitiger Respekt vorhanden sind. Regeln und eingefahrene Verfahrensweisen ersticken die Kreativität. Kreative Arbeit erfordert daher eine flexible Organisation.

14. Wie man mit Fehlern fertig wird

Irren ist menschlich

Irrtümer und Fehler sind untrennbare Bestandteile unseres Lebens. Jeder wird zustimmen, daß niemand unfehlbar ist. Man kann aber auch feststellen, daß einige Leute gewohnheitsmäßig Fehler machen. Nun heißt dies nicht, daß jemand, der keine Fehler macht, ein Engel ist. Er kann ganz im Gegenteil sogar vollkommen untauglich sein.

Ein bekannter Managementexperte hat einmal gesagt, daß er niemals eine Person befördern würde, die noch keinen Fehler gemacht hat. Der Grund liegt einfach darin, daß man nur dann keine Fehler macht, wenn man keine Verantwortung übernehmen will und auch nicht bereit ist, ein Risiko zu tragen. Eine gute Führungskraft hat den Mut und die Ehrlichkeit, eigene Fehler zuzugeben. Richtigerweise wird gesagt, daß man nur aus Fehlern lernt. Ohne sie kann kein wirklicher Fortschritt entstehen. Die nachfolgende wahre Geschichte soll zeigen, wie Fehler entstehen können, und wie man mit ihnen fertig wird.

Der Lagerverwalter und sein Vorgesetzter

In einer großen Firma wurde über viele Jahre der Einkauf zentral abgewickelt, die Rechnungen für die Lieferungen wurden aber in den Zweigstellen bezahlt. Oft kam es zu Verzögerungen in der Bezahlung, so daß die Zentrale regelmäßig genaue Anweisungen herausgab, um die prompte Begleichung von Rechnungen sicherzustellen. In einer der abgelegenen Zweigstellen war der Lagerverwalter ein pflichtbewußter, wenn auch nicht besonders intelligenter Arbeiter, der verantwortlich für die genaue Prüfung der Rechnungen zeichnete. Er erledigte seine Arbeit stets pünktlich.

Plötzlich änderte jedoch die Zentrale das ganze Verfahren und wies an, daß alle Zahlungen in Zukunft durch die Zentrale selbst abgewickelt würden. Bevor aber diese neue Weisung bei allen Zweigstellen umgesetzt war, stand eine Rechnung über einen großen Betrag zur Zahlung bei dieser Zweigstelle an, aber gleichzeitig auch nach dem neuen Verfahren bei der Zentrale. Glücklicherweise wurde der Fehler rechtzeitig entdeckt, so daß die Bank angewiesen werden konnte, den Scheck der Zweigstelle nicht einzulösen.

Wie immer bei Fehlern, machte die Zentrale die Zweigstelle verantwortlich. Der Lagerverwalter war der Hauptbeschuldigte und natürlich über die Folgen sehr besorgt, besonders, da er kurz vor seiner Pensionierung stand. Jeden Tag rechnete er mit einer schriftlichen Aufforderung seines Vorgesetzten, sich zu dem Vorfall zu äußern oder mit Bestrafung.

So gingen die Tage dahin und nichts passierte. Er erfuhr schließlich von Dritten, daß keine Maßnahmen gegen ihn in Betracht gezogen wurden. Er war dem Chef dafür sehr dankbar und begann seine Arbeit mit noch größerem Engagement zu erledigen. Sein Zweigstellenleiter war ein sehr vernünftiger Mann. Er untersuchte den Vorgang äußerst sorgfältig und kam zu folgenden Schlußfolgerungen:

- Es war falsch von der Zentrale, ein lang eingeführtes Verfahren Hals über Kopf umzustellen
- Er selbst hatte es versäumt, seinen Mitarbeitern ausreichend die Bedeutung dieser neuen Weisungen klar zu machen
- Der Lagerverwalter hatte in gutem Glauben gehandelt, ihm konnte keine Nachlässigkeit nachgewiesen werden
- Der Lagerverwalter war ein pflichtgetreuer Mitarbeiter, der durch diesen Vorgang schon sehr unter seelischen Qualen gelitten hatte, so daß keine weitere Strafe gerechtfertigt war.

Dies ist ein Fall, in dem eine saubere Untersuchung des Fehlers und die gerechte Entscheidung, keine weitere Bestrafung aufzuerlegen, die Arbeitsmoral des ganzen Unternehmens wesentlich verbesserte.

Verschiedene Arten von Fehlern

Es gibt verschiedene Arten von Fehlern. Man kann sie folgendermaßen gruppieren:

- Fehler, durch Routine entstanden (Rechenfehler, falsche Aktenablage, Maschinenschreibfehler, Druckfehler, Fehler beim Vergleichen)
- Fehler, entstanden durch falsche Regelauslegung, Mißachtung von Regeln oder unzureichendes Verständnis bei der Datenübertragung
- Fehler aufgrund mangelnder Koordination und Information
- Fehler aufgrund unzureichender Kommunikation
- Fehler aufgrund der Fehleinschätzung einer Situation
- Fehler aufgrund einer falschen Ideenbewertung
- Fehler im Verhalten anderen Menschen gegenüber
- Grundsatzfehler

Diese Gruppierung ist nicht erschöpfend. Zweck ist allein zu zeigen, wie verschiedenartige Fehler auftreten können und wie wichtig ihre genaue Untersuchung ist. Einige der wichtigen Fehlerquellen werden nachstehend angesprochen.

Fehler durch Fehlinterpretation

Die Arbeit von Unternehmen wird einerseits durch verschiedene gesetzliche Vorschriften und andererseits durch innerbetriebliche Verfahren und Vorschriften geregelt. Es ist allgemein bekannt, daß sogar Richter ein und desselben Gerichts das Gesetz und Beweismittel ganz unterschiedlich auslegen. Es gibt keine absolute Klarheit in solchen Fragen. Ein gewisser Grad von Unklarheit haftet selbst unserer Sprache an. Das einfache Wort „Haus" kann zum Beispiel auf verschiedene Weise ausgelegt werden. Außerdem gibt es solch eine Fülle von Regeln und Vorschriften, daß man wirklich nicht erwarten kann, sie alle gegenwärtig zu haben.

Manchmal wird man ganz verblüfft durch neue Parkverordnungen für Autos. Körpersprache ist sehr wichtig, kann einen aber auch zuweilen verwirren.

Fehler aufgrund mangelnder Koordination

Aus verschiedenen Gründen gibt es in großen Unternehmen des öfteren Fehler durch unzureichende Koordination. Den Karren vor das Pferd zu spannen, ist ein einfaches Beispiel hierfür. Wenn das Papier, das zum Druck eines bebilderten Buches gekauft wurde, für die Reproduktion von Bildern nicht geeignet ist, dann bedeutet das mangelnde Koordination. Koordination verlangt eine ganz genaue Planung und Kommunikation sowie Zusammenarbeit zwischen verschiedenen Abteilungen. Gerade hieran mangelt es aber in vielen Unternehmen.

Fehler aufgrund unzureichender Kommunikation

Im Jahre 1945 haben die Alliierten ein Ultimatum an die japanische Regierung gerichtet und mit dem Einsatz der gerade entwikkelten Atombombe gedroht, falls Japan nicht bedingungslos kapituliere. In ihrer Antwort verwendete die japanische Regierung das Wort „mokusatsu", das zwei verschiedene Bedeutungen hat: (a) nicht beachten und (b) zu überdenken. Während die japanische Regierung vielleicht damit sagen wollte, man überdenke diese Angelegenheit, übersetzten die Alliierten die Antwort im Sinne einer Ablehnung des Ultimatums. Dieser Fehler in der Nachrichtenübermittlung führte zur Zerstörung von Hiroshima und Nagasaki.

Es gibt verschiedene Probleme im Zusammenhang mit zwischenmenschlicher Kommunikation. Mitteilungen müssen zeitgerecht, klar, zuverlässig und ausreichend sein und nicht unnötigerweise in Einzelheiten gehend und weitschweifig – andernfalls sind sie irreführend.

Fehler durch Fehleinschätzung

Management beschäftigt sich mit dem Betriebsklima sowie mit der geistigen Haltung, Einstellung und Erwartung der Arbeiter. Es ist jedoch nicht möglich, diese Haltungen und Erwartungen genau abzuschätzen. Während eine Situation sehr ruhig und fest unter Kontrolle zu sein scheint, kann es doch plötzlich zum Ausbruch von Ärger und Unzufriedenheit kommen. Andererseits kann einige Aufregung, die möglicherweise in einen schwerwiegenden Konflikt umschlagen könnte, unbemerkt wieder abklingen.

Oft hat sich eine Führungskraft auf Berichte zu verlassen, um eine schwierige Situation richtig einzuschätzen. Sie kann sogar den Mitarbeiter ihres Vertrauens mit der Ermittlung der Fakten beauftragen. Aber auch die ehrlichste Haut hat ihre ganz persönliche Sicht der Dinge und ihre Vorurteile, so daß der abgegebene Bericht nicht unkritisch übernommen werden kann. Wenn der Assistent von der Veranlagung her ein Miesmacher ist, wird der Bericht wahrscheinlich ein eher düsteres Bild zeichnen, das dann erst angemessen verändert werden muß.

Fehler bei der Bewertung neuer Ideen

Es ist sicher nicht leicht, Bedeutung und Brauchbarkeit einer neuen Idee richtig zu bewerten. Allgemein dürfte bekannt sein, daß manche Neuerungen, die zunächst ungewöhnlich und revolutionär aussehen, sich dann letztlich als wertlos erweisen.

Andererseits kann selbst eine unscheinbare Idee weitreichende Konsequenzen nach sich ziehen. Als Robert E. Wood vorschlug, bevorzugt Kaufhäuser einzurichten anstelle von Versandhäusern, wurde diese Idee zunächst als unpraktisch abgetan. Später aber, als das System angenommen worden war, rief es in Amerika eine der wichtigsten Revolutionen im Marketing hervor.

Präsident Johnson führte vorgeplante Wirtschaftsprogramme in alle Bereiche der öffentlichen Verwaltung ein und versicherte der Bevölkerung, daß diese Maßnahme eine höhere Lebensqualität für alle Amerikaner bringen werde. (Im Kern entsprechen diese Techniken dem Management by Objectives.) Dieses Versprechen wurde allerdings nicht eingelöst.

Fehler im Verhalten anderen Menschen gegenüber

Es ist sicherlich wahr, wenn man sagt, daß die meisten von uns blind gegenüber unseren Mitmenschen sind. Wir verstehen oft andere Menschen nicht wirklich, auch nicht ihre Gefühle oder Fähigkeiten. Darum machen auch Unternehmer und Manager oft Fehler im Verhalten anderen Menschen gegenüber. Es können leicht die falschen Leute ausgewählt werden, unehrlichen Menschen Vertrauen entgegengebracht und vertrauenswürdigen Leuten mit Mißtrauen begegnet werden. Solche Fehler können dann verheerend sein. Darüber hinaus sind menschliche Gefühle nicht nur verwickelt, sondern sie können auch verzwickten Änderungen unterliegen. Eine vertrauenswürdige Person kann Versuchungen unterliegen und dadurch korrupt und unzuverlässig werden.

Bertrand Russell zum Beispiel vertraute einem jungen, dynamischen Amerikaner namens Ralph Shoenmann und machte ihn zum Geschäftsführer der „Russell Friedensstiftung". Aber schon bald wurde der junge Mann übereifrig und begann der Welt zu erzählen, Russell sei senil geworden und er sei derjenige, der die Arbeit von Russell in Wirklichkeit erledige, für die dieser dann gewürdigt werde. Er wurde letztlich von der Friedensstiftung entlassen.

Die Auswahl von Mitarbeitern ist daher von wesentlicher Bedeutung. Die Stärken und Schwächen einer Person sind zum Teil schwer bestimmbar. Wie jemand neue Verantwortung trägt, wie er in neuen Situationen reagiert, das kann nicht genau vorausgesehen werden. Ein Mensch ist verblüffend kompliziert. Seine Gefühle können sich ändern und plötzlich eine wenig wünschenswerte Richtung einschlagen. Auch ein eigentlich ehrlicher und zuverlässiger Untergebener könnte seinen Chef betrügen.

Ähnlich schwierig ist es, zwischen ehrlich gemeintem Lob und Schmeicheleien zu unterscheiden. Es erfordert Scharfsinn, böswillige Berichte von ehrlichen zu trennen. Ehrlichkeit und Beredsamkeit passen schlecht zusammen. Schweigen aber ist schwer zu deuten, und es wird darum oft mißverstanden. In jedem Unternehmen gibt es wahrscheinlich viele Schweiger – zuverlässige Mitarbeiter, die aber immer unerkannt bleiben.

Grundsatzfehler

Jedermann kann sich irren. Ein guter Unternehmer und ein guter Manager aber machen selten Grundsatzfehler. Sogar ein äußerst gewissenhafter Autor kann Fehler machen. In seinen Einzelschilderungen mag er unkorrekt sein, aber er wird nicht zum Abschreiber werden. Wenn eine neue Entdeckung durch einen Forschungsassistenten gelingt, sollte der Professor sie nicht als seine eigene beanspruchen. Und ein guter Manager wird auch nicht bewußt die Befugnisse, die ihm übertragen sind, überschreiten.

Im berühmten Wüstenkrieg gegen Rommel gab Montgomery Befehle an die Achte Armee schon, bevor er die Befehlsgewalt von Auchinleck übernommen hatte. Das war sicher nicht korrekt. Nur ein schlechter Offizier begeht solche Grundsatzfehler vorsätzlich.

Einige Grundsätze

Jede Neuerung ist gewagt und schließt mögliche fehlerhafte Schritte ein. Aber nur durch Fehler können sich Individuen und Unternehmen weiterentwickeln.

Das sollte aber natürlich kein Vorschlag sein, vorsätzlich Fehler zu machen! Fehler legen die Stärken und Schwächen einer jeden Organisation offen, darum kann ihre Analyse sehr hilfreich sein. Es kann dabei schnell klar werden, ob zum Beispiel Vorschriften mangelhaft sind, ob irgendein Mitarbeiter zu Fehlern neigt oder eine Abteilung überlastet ist.

Kleine Fehler sind wie hilfreiche Signale, die jeden aufmerken lassen, was wiederum sicherstellt, daß größere Fehler nur selten auftreten. Fehler sollten mit Nachsicht untersucht werden, es sei denn, es gibt Grund zu der Annahme, daß sie vorsätzlich begangen worden sind. Wenn für jeden begangenen Fehler eine Bestrafung folgt, so entsteht der natürliche Trend, sie zu verbergen. (In solch einem Klima entwickeln die Mitarbeiter auch Abneigung, Verantwortung zu übernehmen.)

Erstes Gebot nach der Entdeckung eines Fehlers lautet, ihn, wenn möglich, sofort zu korrigieren. Ist er von Bedeutung, sollte sich eine Untersuchung anschließen. Kleine Fehler erfordern dies nicht, allerdings sollten Grundsatzfehler sehr sorgfältig analysiert werden.

15. Wodurch die Leistungsfähigkeit beeinträchtigt wird

Eine Dampfmaschine arbeitet mit einem Wirkungsgrad von etwa 35 Prozent. Menschen arbeiten mit etwa 10 Prozent ihrer Leistungsfähigkeit. Die meisten Organisationsformen rechnen sogar mit einer geringeren Ausnutzung ihres Gesamtpotentials. *Harry Levinson*

Aufgabe des Unternehmers und der Führungskräfte eines Unternehmens ist, die Begabungen und die Arbeitskraft ihrer Mitarbeiter voll auszuschöpfen und ihnen dabei das Gefühl der Bedeutung ihrer Arbeit zu vermitteln. Darüber hinaus müssen sie sicherstellen, daß die Arbeit systematisch ausgeführt wird. Oft versäumen Manager, in ihren Leuten die nötige Begeisterung zu wecken und verschlechtern dadurch sogar die Arbeitsleistung ihrer Firma. Und obwohl Manager danach streben, die Arbeitsleistung zu erhöhen, legen sie zuweilen dem effektiven Arbeiten einer Organisation Hindernisse in den Weg.

Verschwendung von Zeit und Energie

Manager verschwenden oft ihre Zeit und Energie, indem sie unnötige Dinge tun. Sie schreiben beispielsweise ausführliche Berichte, statt auf der Basis vorliegender Informationen Entscheidungen zu treffen. In der Managementliteratur gibt es ein klassisches Beispiel eines solchen Mißbrauchs auf höchster Führungsebene, überliefert durch Sir Ian Hamilton, der 1896 Generalquartiermeister in Simla (Indien) war:

„Nach einem langen Bürotag pflegte ich nach Hause zum Abendessen zu gehen, verfolgt von einem etwa einen Meter hohen Aktenberg. Der Generalquartiermeister, mein Chef, war ein kluger, angenehmer Mensch, aber ein unermüdliches Arbeitstier. So schufteten und arbeiteten wir gemeinsam, zeitweise in einem Kopf an Kopf-Rennen, an unseren Aktenbergen. Aber ich war der Jüngere, und so war er der erste, der auf den Rat der Ärzte hin nach Europa zurückgeschickt wurde. Ich war dreiundvierzig Jahre alt, als ich in seine Fußstapfen trat.

Unglücklicherweise war die Regierung zu diesem Zeitpunkt sehr auf Sparsamkeit bedacht. Sie verweigerte die Besoldung, um meinen freigewordenen Posten nachzubesetzen. Statt dessen bat mich Sir George White, der Oberbefehlshaber, meine Leistungsfähigkeit zu verdoppeln und doppelte Arbeit zu übernehmen.

Mein Mut sank, aber es gab keinen anderen Ausweg, als es zu versuchen. Der Tag kam, mein früherer Vorgesetzter fuhr nach Hause und mit ihm sein gesamter Arbeitsanteil. Was aber meinen Anteil betraf, so schmolz mein harter Zwölf-Stunden-Tag wie durch ein Wunder zusammen in den sozialistischen Traum eines Sechs-Stunden-Tages. Wie war das möglich?

Nun, wenn eine der Abteilungen eine Anfrage an uns richtete, war ich vorher gezwungen gewesen, ein genaues Protokoll darüber anzufertigen, in dem der Fall geschildert war und meine persönliche Stellungnahme dazu. Mein Chef war ein sehr gewissenhafter Arbeiter: Wenn wir in unserer Meinung nicht übereinstimmten, machte er wiederum über seine Gründe eine Aufzeichnung – mehrere Seiten voller Begründungen. Oder aber, wenn wir in unseren Ansichten übereinstimmten, wünschte er dies mit seinen eigenen Worten auszudrücken und „in den Akten zu vermerken".

Jetzt aber, als ich Generalquartiermeister und Stellvertreter in einer Person war, überprüfte ich diese Fälle in gleicher Art, aber hier endete bereits meine Arbeit: Ich brauchte nicht meine eigenen Untergebenen zu überzeugen. Ich hatte auch keinen Vorgesetzten mehr, außer dem Oberbefehlshaber, der immer besonders glücklich war, wenn man ihn in Ruhe ließ: Ich brauchte nur einen Befehl zu geben – eine ganz einfache Sache, sofern man sich traut, so daß ich jetzt bloß ‚ja' oder ‚nein' sagen mußte."

Konzeptlosigkeit

Unternehmer und Manager können die Arbeit ihrer Mitarbeiter in vielerlei Hinsicht behindern. Sie können sie zum Beispiel lange Zeit auf Instruktionen warten lassen. Ihre Weisungen können undeutlich sein und sie können überflüssige Besprechungen ansetzen. Sie können häufig Entscheidungen umwerfen oder die Prioritäten ändern. Ihre eigene Arbeitsplanung kann sprunghaft und langsam sein, und als Resultat stumpft dann vielleicht das Bestreben nach schneller und rechtzeitiger Erledigung anfallender Arbeiten ab.

Einige Manager setzen ihren Ehrgeiz daran, die von untergeordneten Mitarbeitern vorgelegten Entwürfe zu verbessern. Sie verwenden erhebliche Zeit darauf, ohne große Vorteile daraus zu ziehen. Das wird jedoch nur die Begeisterung der Mitarbeiter bremsen, während ein einigermaßen brauchbarer Entwurf, der als Ganzes anerkannt wird, ihnen große Befriedigung vermitteln würde. Es gäbe ihnen Zuversicht und würde sie in ihrem Gefühl, fähig zu sein, stärken. Auf der anderen Seite verursachen unnötige Änderungen bloß Verdruß und Enttäuschung bei den Mitarbeitern. Ein interessanter Fall sollte hier erwähnt werden.

Während des Zweiten Weltkrieges waren in Großbritannien zeitweise mehrere bedeutende Professoren außerplanmäßig zum „Civil Service" einberufen worden.

Einer der Abteilungsleiter dort, ein regulärer Beamter, hatte stets große Freude daran, die Entwürfe anderer zu verbessern und zu ändern. Ein kurz vorher einberufener Professor für Statistik setzte eine Notiz auf mit dem Inhalt „Jetzt ist ein Statistiker in dieser Abteilung angestellt". Der Abteilungsleiter änderte es ab in „Ein statistischer Bereich wurde jetzt in der Abteilung geschaffen". Der Professor aber machte noch einmal deutlich, daß nur ein einziger Statistiker anwesend war, das aber sei noch kein Bereich. Der Leiter zückte in seiner Geltungssucht wiederum die Feder und fügte die Worte hinzu: „Der Ansatz eines . . .". Solche Änderungen sind lächerlich, sie verschwenden Zeit und Kraft und sie entmutigen die Mitarbeiter.

Menschen einschüchtern

Einige Manager und manche Unternehmer glauben, sie sind in dem Maß erfolgreich, wie sie ihre Beschäftigten einschüchtern können. Darum fordern sie fortwährend Erklärungen, finden in unbedeutenden Dingen Mängel und verteilen Verwarnungen und Tadel. Das alles schafft ein Klima, in dem die Menschen Arbeit als unangenehm empfinden und natürlich keine Verantwortung übernehmen wollen. Ein eingeschüchterter Mensch kann außerdem nicht schöpferisch oder leistungsfähig sein. Er versucht nur noch, sich nach gegebenen Weisungen zu richten.

In einem solchen Klima werden Menschen nicht ermutigt, eigenständige Vorschläge zu machen, und wenn dem Chef selbst ein Fehler unterläuft, werden sie ihn nicht mehr darauf aufmerksam machen. Genauso versuchen sie, ihre eigenen Fehler zu verbergen. Wenn Beschäftigte aber Vertrauen zu ihrem Chef haben, berichten sie ihm offen über Irrtümer und suchen seine Hilfe. Viele solcher Fehler können dadurch korrigiert werden, daß sie rechtzeitig gemeldet werden. Ein Klima voller Furcht kann also erfolgreicher Arbeit nicht von Nutzen sein.

Mangel an Anerkennung

Sofortige Würdigung guter Leistung ist der beste Antrieb für Mitarbeiter, ihre Arbeit mit größerem Engagement zu erledigen. Viele Manager legen in dieser Hinsicht besonderen Mangel an Einfühlungsvermögen an den Tag. Die Anerkennung guter Arbeit kann in mannigfaltiger Art und Weise geschehen. Ein Kopfnik-

130

ken oder Lächeln kann anerkennend sein. Wenn ein Entwurf, vorgelegt von einem Mitarbeiter, sofort und ohne große Änderungen befürwortet wird, ist das indirekt eine Anerkennung.

Oft aber wird gute Arbeit übersehen und nur die Fehler werden registriert und ins Gedächtnis zurückgerufen. Ein leitender Angestellter, der, abgesehen davon, daß er sie sofort korrigiert, Fehler stillschweigend übergeht, die von einem treuen und ehrlichen Mitarbeiter gemacht worden sind, hilft seiner Firma damit grenzenlos.

Manchmal zeigen Führungskräfte fehlendes Verständnis für elementare Psychologie. Einmal schrieb ein leitender Angestellter seinem Untergebenen „Ich bedaure feststellen zu müssen, daß Sie in diesem Fall kein Urteilsvermögen gezeigt haben". Anschließend fügte er handschriftlich hinzu „Mit besten Grüßen". Das paßt einfach nicht zusammen. Es ist unangebracht, eine Verwarnung zugleich mit besten Wünschen auszusprechen.

Das Versäumnis, gute Vorschläge anzunehmen

Viele Unternehmer und Manager glauben, sie allein besäßen die notwendige Kenntnis und Weisheit, ein Unternehmen zu leiten. Sie sind daher unfähig, den Wert von Vorschlägen anzuerkennen, die von den Mitarbeitern eingebracht werden. Damit beraubt sich das Unternehmen selbst des Nutzens, den es aus dem Wissen, der Vorstellungskraft und den Erfahrungen der Beschäftigten ziehen könnte.

Es ist völlig klar, daß der Manager nicht Experte für alle Probleme sein kann, die das Unternehmen betreffen. Die Mitarbeiter, die auf den verschiedenen Ebenen arbeiten, besitzen viele besondere Kenntnisse, denn sie gewinnen ständig Einblicke in ihren speziellen Arbeitsbereich. Ein kluger Manager muß darum ein gutes Fingerspitzengefühl haben, um von seinen Mitarbeitern zu lernen. Er sollte brauchbare Vorschläge der Belegschaft bereitwillig annehmen, denn das stärkt die Moral des Unternehmens im hohen Maß.

Charles Kettering, einer der besten Ingenieure seiner Zeit, sah eines Tages einen alten Arbeiter, der mit großer Neugier sein neues Dampfschiff beobachtete. Erst glaubte er, der Mann verschwende unter irgendeinem Vorwand bloß seine Zeit und beachtete ihn darum nicht weiter.

Sein nächster Gedanke aber war, sich ihm doch zuzuwenden und ihn zu fragen, was ihn so sehr beschäftigte. Der Arbeiter sagte, ihm käme die Größe der Schraube ziemlich komisch vor – sie sei zu groß. Kettering überging zunächst diese Bemerkung, war aber bald darauf von Zweifeln geplagt. „Er ist ein erfahrener Arbeiter und er kann durchaus Recht haben." Darum bat er die Ingenieure, die Maße der Schraube zu überprüfen, die sich dann tatsächlich als zu groß herausstellte. Ein schwerwiegender Fehler war durch die Lebenserfahrung eines einfachen Arbeiters verhindert worden.

Falsches Delegieren der Arbeit

Manche Manager können Arbeit nicht richtig delegieren. Ihre Arbeitsverteilung ist nicht ausgewogen. Einige Mitarbeiter sind überarbeitet, andere nicht ausgelastet.

Eine Verschwendung ist es beispielsweise, wenn eine Person mit rechnerischen Aufgaben betraut wird, die eine Abneigung gegen den Umgang mit Zahlen hat. Systematisches Delegieren von Arbeit, das sowohl eine gerechte Arbeitsaufteilung als auch die Talente der Mitarbeiter und die spezielle Aufgabenstellung berücksichtigt, ist Voraussetzung für das reibungslose Funktionieren eines Unternehmens.

Häufiges Einmischen in den Arbeitsbereich, der einem Mitarbeiter übertragen worden ist, wirkt sich negativ aus. Wenn der Chefingenieur zum Generaldirektor ernannt wird, sollte er kein übermäßiges Interesse in Fragen des Ingenieurwesens mehr entwickeln, denn das ist ja jetzt Angelegenheit des neuen Chefingenieurs.

Das Versäumnis, untergeordnete Mitarbeiter zu führen und zu unterstützen

Eine Führungskraft hat verschiedene Rollen auszufüllen. Sie muß auch als Lehrer tätig sein. Ihre Mitarbeiter möchten von ihr beraten werden, und wenn diese Führungsaufgabe bereitwillig erfüllt wird, sind sie dafür dankbar. Ein Manager zum Beispiel belehrt seine Belegschaft auf verschiedene Weise, direkt oder indirekt. Er könnte Entwürfe so korrigieren, daß gleichzeitig eine Art Unterrichtsstoff daraus entsteht. Einige besonders eifrige Mitarbeiter werden solche Entwürfe dann in ihren persönlichen Unterlagen als Richtlinien aufbewahren.

Lord Wavell war in dieser Hinsicht ein besonders guter Lehrer. Mehrere Mitarbeiter arbeiteten einmal tagelang an der Fertigung eines Berichts, der dem Chef in London vorgelegt werden sollte. Sie hatten zwar alle Fakten gesammelt, wußten aber nicht, wie sie diese zusammenfassen sollten. – „Plötzlich kam eine telegrafische Nachricht von Wavell, die mit aller Klarheit und Ausgewogenheit genau das aussprach, was wir zu sagen versucht hatten."

Manipulation

Führungskräfte sind oft in Versuchung, Manipulation anzuwenden. Sie versuchen, zu teilen und zu herrschen, und sie verhalten sich dabei nicht aufrichtig. Das löst Mißtrauen und unnötige Meinungsverschiedenheiten in der Firma aus.

Ein Manager sollte stets zu seinem Wort stehen. Seine Aufgabe ist es, Streitfragen zu klären und ein kooperatives Team aufzustellen. Eine ehrliche, aufrechte Einstellung erzeugt bei den Mitarbeitern Vertrauen in die Absichten und Methoden der Unternehmensleitung. Es steigert auch die Leistungsfähigkeit. „Ehrlichkeit ist der Königsweg zur Effizienz". Sie vermindert und vereinfacht die Arbeit und läßt mehr Zeit und Kraft für schöpferisches Denken.

Information, Fragen und Schreibarbeit

Eine gute Verwaltung kann nicht ohne einen gewissen Umfang an systematischer Schreibarbeit auskommen. Grundlegende Fakten müssen klar und deutlich aufgezeichnet und die Gründe für wichtige Entscheidungen zu Papier gebracht werden.

Aber darüber hinaus ist unnötiges Ausufern der Schreibarbeit schädlich. Einige Manager fordern ständig zusätzliche Informationen, und wenn diese geliefert sind, erheben sie neue Zweifel und Fragen. Dadurch verliert die Belegschaft das Interesse an der Angelegenheit, und der Kernpunkt wird oft aus dem Auge verloren.

In einem großen Handelsunternehmen wurde dem Generaldirektor eine Bestellung für den sofortigen Kauf von Papier vorgelegt, weil die eigentlich zuständigen Lieferanten es versäumt hatten, den Vorrat aufzufüllen. Der Generaldirektor war ein sehr gründlicher Mann. Er rief nach dem betreffenden Mitarbeiter und wünschte von ihm Informationen über die Anzahl der Papierfabriken in Indien, ihre Kapazität und Auslastung sowie die Gründe für die gegenwärtige Knappheit. Er wollte sogar wissen, ob die Regierung dazu gebracht werden könnte, eine Papierfabrik zu bauen. Diese ganzen Fragen waren in sich zwar in Ordnung, aber im Zusammenhang mit dem Vorschlag, Papier innerhalb der nächsten zwei Wochen zu besorgen, vollkommen belanglos.

Es ist schon eine gewisse Kunst zu wissen, welche Mindestinformation nötig ist, um eine Entscheidung zu fällen. Eine gute Führungskraft konzentriert sich auf den Kern der Sache. Sie schenkt unbedeutenden und untergeordneten Angelegenheiten keine Beachtung.

16. Wie man die Dienstaufsicht verbessern kann

In diesem Kapitel wollen wir uns kurz mit zwei Fragen beschäftigen: Wie kann ein Vorgesetzter am besten seinen Kontrollpflichten nachkommen? Normalerweise wird von ihm erwartet, daß er die Arbeit der ihm unterstellten Mitarbeiter fortwährend überwacht, dabei Fehler und Versäumnisse aufdeckt und ihre sofortige Richtigstellung veranlaßt.

Aber Dienstaufsicht stellt eine wesentlich umfassendere und heiklere Aufgabe dar. Ein guter Vorgesetzter ist wie ein guter Gärtner, der seine Pflanzen und Bäume hegt. Der Gärtner übernimmt die liebevolle Pflege für seine Pflanzen und sorgt dafür, daß sein Garten zu einem reizvollen und schönen Ort wird.

Er versteht die kniffligen Anforderungen, die die verschiedenen Pflanzenarten stellen. Auf ganz ähnliche Weise lehrt und leitet ein guter Chef seine Mitarbeiter, so daß sie sich selbst entfalten können. Die besonderen Merkmale eines guten Chefs sind weiter unten kurz erläutert.

Ein Vorgesetzter sollte ansprechbar sein

Manchen Vorgesetzten widerstrebt es, sich mit ihren Mitarbeitern zusammenzusetzen und mit ihnen zu sprechen. Das baut eine Schranke zwischen ihnen auf. Wenn aber ein Chef ansprechbar ist, auch wenn er anderweitig eingespannt wird, wird ihn der Mitarbeiter achten und sich selbst mit noch mehr Freude seiner

Arbeit zuwenden. Es gibt dem Mitarbeiter das nötige Vertrauen, sich jederzeit bei irgendwelchen Problemen an seinen Chef wenden zu können, der ihn vor Fehlern bewahren kann.

Der Vorgesetzte sollte den Wert der Ideen zu schätzen wissen, die die Mitarbeiter einbringen

Der Chef kann nicht immer nur Lösungen und Vorschläge, die von seinen Mitarbeitern kommen, aufgreifen. Aber zugleich wird ein guter Vorgesetzter die Gelegenheit nicht verstreichen lassen, den Wert dieser Vorschläge zur Kenntnis zu nehmen. Dies stärkt wiederum den Wunsch der Mitarbeiter, unabhängig zu denken und den Chef auf Neuerungen anzusprechen. Diese Art verstandesmäßiger Entfaltung ist unschätzbar für die Leistungsfähigkeit eines Unternehmens.

Der Vorgesetzte hat eine bildende Aufgabe

Der geistige Horizont der Mitarbeiter wird durch einen guten Vorgesetzten erweitert. Er macht sie auf die größeren Zusammenhänge ihres täglichen Arbeitsbereichs aufmerksam und ist jederzeit bereit, zusätzliche Informationen zu vermitteln und sich mit ihren Fragen zu beschäftigen. Neue Gedanken können sehr positiv sein. Im Laufe der Zeit erklärt er Grundsätze, Politik und Ziele der Firma, wodurch sie sich neu orientieren.

Der Vorgesetzte besteht auf hoher Leistung

Er selbst gibt ein gutes Beispiel für andere, damit sie ihm nacheifern. Er ist ständig bemüht, seine eigene Leistung zu vervollkommnen und besteht darauf, daß jeder sein Bestes gibt und qualitativ hochwertige Arbeit leistet. Den Chef zufriedenzustellen heißt zugleich, mit seinen eigenen Fähigkeiten zufrieden zu sein. Es ist, als habe man eine schwierige Prüfung bestanden. Sofern er nicht mit der Arbeit zufrieden ist, sieht man es als Gelegenheit an, zu lernen und sich weiterzubilden. Der Mitarbeiter wächst unter der Führung cincs solchen Chefs.

Es gibt immer die Möglichkeit, die tägliche Arbeit zu verbessern. Und solche kleinen Fortschritte verändern wirklich die Qualität unseres Arbeitslebens. Sie wirken anregend und sind Ansporn für weitere Anstrengungen.

Ein Chef sieht Fehler im richtigen Licht

Ein guter Chef sieht Fehler als ein Mittel, seine Mitarbeiter kennenzulernen und auch als Mittel zur Belehrung. Zugleich ist ihm bewußt, daß Fehler auch von Mängeln in der Organisation oder durch unklare Weisungen von ihm selbst herrühren können.

Darum versucht er auch nicht, die Verantwortlichkeit festzulegen und eine Bestrafung für jeden aufgefallenen Fehler aufzuerlegen. Zuerst korrigiert er den Fehler, danach untersucht er den Fall für zukünftige Anordnungen. Das ist die richtige Einstellung. Die Leute sind dann auch ermutigt, Verantwortung mitzutragen. So wird die Entwicklung der Mitarbeiter nicht durch eine Anzahl kleiner Fehler und Irrtümer gebremst.

Ein guter Chef baut auf Stärke

Ein guter Chef denkt an die Stärken und nicht an die Schwächen seiner Mitarbeiter. Er kann darum den größtmöglichen Nutzen aus ihren Stärken ableiten. Jeder Mensch entwickelt sich dann am besten, wenn ihm bewußt wird, daß der Chef seine Qualitäten zu schätzen weiß und ihn ermutigt, sie mehr und mehr einzusetzen.

Ein schlechter Chef andererseits nörgelt ständig über die Unzulänglichkeit seiner Leute. Das führt zur Demoralisierung und dämpft den Geist der Zusammenarbeit. Mitarbeiter werden unter solch einem Chef apathisch und verbittert.

Wie soll man kontrollieren?

Das Kontrollieren der Mitarbeiter ist eine Kunst. Sie kann nicht reduziert werden auf eine Reihe starrer Grundsätze. Der erforderliche Führungsstil hängt auch von dem Temperament derer ab, die geführt werden. Zunächst ein Wort zur Schwierigkeit, die in dieser Aufgabe liegt.

In einer Firma hatte man einen besonders widerspenstigen Büroboten. Unzählbare Verwarnungen waren ihm schon erteilt worden, die aber nur zu weiterer Verschlechterung seiner Arbeit und seines Benehmens führten. Darum entschied sein Chef, persönlich herauszufinden, warum er sich so ungewöhnlich verhielt. Eines Tages wartete er im Büro, bis alle es verlassen hatten. Der Bürobote war aufgefordert worden zu bleiben. Der Chef rief ihn in sein Büro und bat ihn, sich zu setzen. Nachdem er einige Einzelheiten über den Familienhintergrund erfahren hatte, fragte er ihn nach seinen Beschwerden und warum er so wenig zur Zusammenarbeit bereit sei. Mit Tränen in den Augen erzählte der Bote, daß jeder im Büro ihn wegen seiner sehr einfachen Herkunft herablassend behandelte. Der Chef spürte, wie tief der Groll saß und gab deshalb strenge Weisung an die Belegschaft, ihn anständig zu behandeln. Tatsächlich trat auch eine sofortige Besserung seines Benehmens ein.

Vom Temperament her kann man Mitarbeiter in Optimisten, Pessimisten, Zurückhaltende, Allwissende, Eigennützige, Büffler, Träge und Freche einordnen.

Der Optimist:

Er ist stets begeisterungsfähig und überzeugt, in allem erfolgreich zu sein. Er ist ein guter Teamarbeiter. Manchmal kann es notwendig sein, ihm die Schwierigkeiten vor Augen zu führen, die zu überwinden sind. Er sollte mit Maßen gelobt werden.

Der Pessimist:

Er ist schwermütig. Er neigt zu negativem Denken und vergrößert Schwierigkeiten. Er muß fortwährend aufs neue bestätigt werden. Seine Arbeit sollte großzügige Würdigung finden.

Der Zurückhaltende:

Dieser Typ kann ein schweigsamer Arbeiter sein. Er wird kaum seine Seele offenlegen. Aber grundsätzlich ist er eine zuvorkommende Persönlichkeit, die mit etwas Aufmunterung sehr gute Leistungen bringen kann.

Der Allwissende:

Er ist ein schwungvoller Typ, der keine Schwierigkeiten kennt und überzeugt ist, alle Probleme und Hindernisse bewältigen zu können. Solche Menschen müssen gelegentlich von ihrem Übereifer zurückgehalten werden, der sie sonst zu sorglosem Handeln verleiten könnte.

Der Eigennützige:

Der Eigennützige ist geschickt darin, Verantwortung zu vermeiden und bloß den geringsten Arbeitsanteil zu übernehmen, so daß er gerade noch an einer möglichen Bestrafung vorbeikommt. Er ist nicht ohne weiteres bereit, mit anderen zusammenzuarbeiten und stellt deshalb ein Hindernis bei jeder Teamarbeit dar. Er braucht den Hinweis, daß er seine Fähigkeiten vergeudet und daß er besser im eigenen Interesse mit anderen zusammenarbeitet. Auch sollte er sich nach verantwortungsvollerer Arbeit umsehen, die er bestimmt sehr gut machen kann. Eventuell ist allein dieser Hinweis schon von Vorteil für ihn.

Der Schweigsame und Begabte:

Dieser Typ arbeitet am besten, wenn ihm größtmögliche Freiheit gegeben wird. Es sind die Einmischungen, die ihn entmutigen. Erstklassige Arbeit wird von solch einer Person dann geleistet, wenn ihr jede Unterstützung, die sie braucht, wortlos gegeben wird. Ihre Kreativität gedeiht am besten in einem Klima von Vertrauen und Freiheit.

Der Ehrliche und Fröhliche:

Dieser Typ ist darauf eingestellt, alles Erdenkliche zu tun, um seinen Chef zufriedenzustellen. Er verehrt ihn, darum ist Anerkennung für ihn die einzige Belohnung, die zählt. Alles, was er erwartet ist, daß der Chef ihm mehr und mehr unterschiedliche und wichtige Aufgaben überträgt. Ein anerkennendes Lächeln des Chefs erfreut sein Herz und sein Verlangen nach Arbeit wächst.

Der Chef sollte die seelischen Bedürfnisse seiner Mitarbeiter gut kennen und sein Verhalten darauf einstellen. Dies ist ein psychologisches Muß. Das Wissen darf jedoch nicht als Manipulation genutzt werden. Der Chef hat stets ehrlich und aufrichtig zu handeln. Jeder Mitarbeiter muß das Gefühl haben, daß er gerecht und ehrlich behandelt wird.

Die goldene Regel

Ein guter Chef ist in erster Linie daran interessiert, seine Aufgaben zu erfüllen. Wenn die Umstände so sind, daß sie ein Mitspracherecht erlauben, ermöglicht er dies, so gut es geht. Wenn auf der anderen Seite die Aufgaben Anordnungen seinerseits erfordern, wird er diese Notwendigkeit bei seinen Mitarbeitern durchsetzen. In jedem Fall sollte er sich durch die Erfordernisse der Situation leiten lassen und nicht durch den Drang, Menschen zu beherrschen.

Seine Mitarbeiter werden ebenfalls bereitwillig diese Situation annehmen, sofern der Chef ein vernünftiger und fähiger Mann ist, der sich seiner Arbeit verpflichtet fühlt.

17. Wie menschliche Begabungen am besten genutzt werden

Grundproblem

Unternehmer und Manager sind oft nicht in der Lage herauszufinden, wie man Mitarbeiter dazu bringt, wirkliches Interesse an der Arbeit aufzubringen, und wie ein kooperativer Geist im Unternehmen entwickelt werden kann.

Sie haben sehr oft das Gefühl, daß ihre Mitarbeiter keinen Aktivposten darstellen, sondern eher eine ernste Belastung. Aber eines ist klar: Daß ohne Menschen – Mitarbeiter, Vorgesetzte, Manager und Unternehmer – ein Unternehmen nicht existieren kann. Maschinen alleine sind unwirksam und können nichts herstellen. Die wichtigste Aufgabe ist daher, ein Team von dynamischen, zur Zusammenarbeit bereiten Mitarbeitern aufzubauen.

Einige Grundsätze

Aus der Erkenntnis moderner Forschung und aus der Erfahrung wurden folgende Grundsätze zur Entwicklung einer erfolgreichen, menschlichen Organisation gewonnen. Die Grundidee lautet: Menschen möchten sich weiterentwickeln. Wenn Unternehmer und Manager ihnen dazu eine Gelegenheit geben, wird sich auch das betreffende Unternehmen weiterentwickeln. Die Entwicklung eines Unternehmens ist eng mit der Zufriedenheit der dort arbeitenden Menschen verbunden.

Nehmen wir einmal an, daß eine große Mehrheit Ihrer Mitarbeiter vernünftig eingestellt ist und sinnvolle Arbeit leisten will. Dies ist die einzige vernunftsbedingte Hypothese, auf der ein erfolgreiches Unternehmen aufgebaut werden kann.

Arbeit ist eine ganz natürliche Tätigkeit. Sie ist so natürlich wie Spielen oder Ausruhen. Sie ist so notwendig wie Essen und Trinken. Ein gesunder Erwachsener kann ohne Arbeit nicht glücklich sein. Er benötigt sie, um seinen Lebensunterhalt zu verdienen, und er braucht sie, um mit der Gesellschaft verwurzelt zu sein. Er muß Gesellschaft haben. Aus diesem Grunde sind Menschen der Arbeit gegenüber positiv eingestellt. Wenn man dagegen annimmt, daß Menschen im Grunde uneinsichtig sind und jede Arbeit möglichst meiden möchten, wird das Führen von Mitarbeitern zu einer unlösbaren Aufgabe.

Gehen wir davon aus, daß der Durchschnittsmensch das Bedürfnis hat, mit anderen zusammenzuarbeiten. Eine Gemeinschaft ist also das Ergebnis menschlicher Zusammenarbeit, und als ein Mitglied dieser Gemeinschaft empfindet jeder den natürlichen Drang, mit dem anderen zusammenzuarbeiten.

Kooperation ist für den einzelnen auf verschiedene Weise von Vorteil. Sie bedeutet gegenseitige Hilfe und Unterstützung. Wenn ein Arbeiter etwa seinem Kollegen dabei hilft, ein schweres Teil der Maschine zu transportieren, wird ihm bei nächster Gelegenheit ähnliche Hilfe zuteil.

Durch Zusammenarbeit entsteht ein Gefühl von Gleichheit und Sicherheit. Sie stellt sicher, daß in schwierigen Zeiten Hilfe von anderen kommen wird. Zusammenarbeit ist für alle gewinnbringend. Wenn beispielsweise ein REFA-Ingenieur einem Arbeiter hilft, so wird dieser ihn als Gegenleistung bei seinen Bemühungen unterstützen. Daher müssen Unternehmer und Manager den größtmöglichen Gebrauch von diesem ganz natürlichen Drang zur Kooperation machen.

Arbeit in kleinen Gruppen

Solche Gruppen sollten sorgfältig organisiert werden. Jeder von uns braucht Freunde und Kollegen. Das vorherrschende Bedürfnis der Beschäftigten, so sagt man, sei der dringende Wunsch nach Kameradschaft. In jeder Fabrik zum Beispiel bilden die Arbeiter automatisch ihre kleinen Freundeskreise. Vielleicht teilen sie sich ihr Mittagessen und helfen einander bei der Arbeit.

Falls solche Gruppen gut zusammengesetzt sind, nimmt die Leistungsfähigkeit zu, die Mitarbeiter werden aktiv. Manchmal passen einzelne jedoch nicht hinein. Dies verursacht eine Störung, und die Gruppe kann nicht richtig arbeiten. Daher muß der Manager bei der Bildung von kooperativen Arbeitsgruppen behutsam vorgehen.

Der Wunsch nach Mitwirkung ist ganz natürlich und muß so weit wie möglich erfüllt werden

Wie wir bereits in einem früheren Kapitel gehört haben, möchten Menschen mitbestimmen. Sie unterbreiten gerne Vorschläge und wollen sehen, inwiefern ihre Ideen brauchbar sind.

Mitwirkung ist ein Ausdruck ihrer gesunden Persönlichkeit. Sie ist eine Gelegenheit, Wissen und Vorstellungskraft in die Arbeit einzubringen und ein Kennzeichen für den Wunsch, Initiative zu ergreifen und Verantwortung zu übernehmen. Wenn man daher die Mitwirkung fördert, erleichtert dies die organisatorische Arbeit. In Firmen, wo dies praktiziert wird, kann sich der einzelne entfalten und das Unternehmen wächst schnell.

Was Kontrolle bedeutet

Ein Manager befaßt sich mit Produktion, Aufwendungen und Erträgen. Er gilt als erfolgreich, wenn er sein Soll erfüllt. Dann sagt man von ihm, er habe Sachverhalte und Situationen im Griff. Manager konzentrieren jedoch ihre Aufmerksamkeit sehr oft auf die Kontrolle der Menschen und versuchen, über sie zu bestimmen. Sie glauben, daß Macht Kontrolle bedeutet. Aber sie irren sich.

Die Arbeiter widerstehen den Anstrengungen des Managements, sie zu beherrschen. Es werden nur unnötige Spannungen erzeugt, und die Leute sind nicht mehr zur Zusammenarbeit bereit. Die Manager verlieren letztlich ihre Kontrolle über die Arbeiter oder über die Leistungen.

Manager müssen wissen, daß die beste Leistung durch Zusammenarbeit mit den Mitarbeitern erreicht wird. Diese Kooperation wird durch den Versuch, andere zu beherrschen, erstickt. Daher müssen Manager in Leistungsbegriffen denken, und nur dies ist wirklich Kontrolle. Sie müssen nach Mitteln und Wegen suchen, eine rückhaltlose Unterstützung durch ihre Mitarbeiter zu erlangen.

Jeder Mitarbeiter braucht Selbstachtung

Was die Selbstachtung vergrößert, verbessert automatisch auch die Leistungsfähigkeit. Wenn ein Mensch etwas am höchsten schätzt, so ist es die Selbstachtung. Sollte sie aus irgendeinem Grunde verletzt werden, so wird er mutlos.

Er verliert seine Begeisterungsfähigkeit und sein Selbstvertrauen, wird unter Umständen streitsüchtig und ist nicht mehr kooperativ. Er wird keine Initiative mehr ergreifen, vielleicht verliert er gar ganz das Interesse an seiner Arbeit. Er ist nicht mehr regelmäßig anwesend und wird undiszipliniert.

Wenn also jemand ordnungsgemäß und mit seinem ganzen Einsatz arbeiten soll, muß seine Selbstachtung bewahrt und gestärkt werden. Man muß ihm Sicherheit schenken. Wenn der Chef zu seinem Mitarbeiter sagt: „Ich bin sicher, daß Sie diese wichtige Aufgabe sehr gut lösen werden", dann wird dieser mit doppelter Anstrengung ans Werk gehen.

Manipulation ist in jeder Hinsicht schädlich

Die beste Politik ist ehrlich, offen und vernünftig zu sein. Des öfteren greifen Manager zur Manipulation. Sie versuchen, die eine Gruppe gegen die andere auszuspielen.

Das ist zum einen moralisch verwerflich. Man kann jedoch ohnehin Menschen nicht über lange Zeit hinweg täuschen. Und wenn sie entdecken, daß sie manipuliert werden, rebellieren sie vielleicht und manipulieren ebenfalls. Dadurch wird eine Atmosphäre voller Mißtrauen geschaffen. Die Menschen werden von strategischen Schachzügen in Anspruch genommen, und die wirklichen Ziele werden aus den Augen verloren. Man sagt, daß Ernest Bevin, der große Gewerkschaftsführer, immer und jederzeit zu seinem Wort gestanden hat. Solch eine Haltung schafft Vertrauen und fordert Respekt. Das Management sollte keine Versprechen geben, hinter denen nicht die feste Absicht steht, sie auch zu erfüllen.

Eine logisch nicht ganz perfekte Vereinbarung, die von den Mitarbeitern akzeptiert wird, ist letztlich besser als eine strikt rationale

In der täglichen Betriebsführung tauchen viele kleine Probleme auf. Vielleicht bietet das Management dafür eine ganz vernünftige Lösung an. Nun schlagen die Mitarbeiter aber, aus irgendwelchen Gründen, vielleicht gefühlsmäßigen, eine Alternative vor, die auch praktikabel, nur vielleicht nicht so gut ist.

Die Lösung der Arbeiter sollte dann bereitwillig angenommen werden. Dadurch wird eine Atmosphäre der Kooperation geschaffen und die Mitarbeiter sind glücklich darüber, daß ihre Ideen akzeptiert worden sind. In manchen Fällen sollten die Vorschläge der Mitarbeiter sogar unbedingt Vorrang haben. Stellen sie sich bitte vor, daß der Name für eine Arbeiterwohnsiedlung gefunden werden muß. Er sollte von den Mitarbeitern ausgesucht werden. Die Autorität des Managements wird nicht dadurch gefestigt, daß den Arbeitern sein Wille immer aufgezwungen wird. Andererseits wird sie immer gestärkt, wenn die guten und konstruktiven Vorschläge der Mitarbeiter auch gerne gesehen und akzeptiert werden.

Es ist notwendig, sich aufrichtig und geduldig Beschwerden und Vorschläge anzuhören

Manchmal entwickeln Mitarbeiter ein Gefühl der Hilflosigkeit. Sie glauben, daß sich niemand wirklich um sie kümmert und niemand bereit sei, ihnen zuzuhören. Manchmal entsteht der Beschwerdegrund aus einem Mißverständnis, oder aber er ist nur eingebildet und vielleicht völlig ungerechtfertigt. Es ist aber immer klug, mit Geduld und Sympathie zuzuhören und zu erläutern, was getan werden kann und was nicht. Das trägt wesentlich dazu bei, die Gefühle der Mitarbeiter zu besänftigen.

Vielleicht bemerken sie dabei auch, wie unwichtig die Angelegenheit im Grunde genommen ist oder sie stoßen auf eigene Fehler, während sie noch ihr Leid klagen. Jedenfalls haben die Mitarbeiter das befriedigende Gefühl, daß man ihnen aufmerksam zugehört hat.

Fehler sind ein unvermeidbarer Preis für Fortschritt

In jedem Unternehmen tauchen ständig Fehler auf. In einigen wird für jeden Fehler eine Strafe verhängt. Hierbei handelt es sich um ein Management, das allein auf Strenge aufbaut. Bei diesem Führungsstil geht man davon aus, daß die Menschen wacher und sorgfältiger ihre Arbeit ausführen, wenn sie für Fehler bestraft werden. Das ist jedoch eine Illusion. In solch einer Atmosphäre werden Fehler verheimlicht statt gemeldet.

Außerdem ist unter diesen Umständen niemand bereit, ein Risiko auf sich zu nehmen. Jeder beschafft sich die Zustimmung seines Chefs, bevor er irgend etwas unternimmt und das bedeutet Verzögerung. Solch eine Firma wird bürokratisch, weil jeder auf „Nummer Sicher" geht.

Man muß erkennen, daß, wie vorsichtig man auch immer sein mag, Fehler aus verschiedenen Gründen nun einmal auftreten. Das erste, was zu tun ist, wenn ein Fehler bemerkt wird, ist, ihn zu berichtigen. Zweitens muß sichergestellt werden, daß er sich nicht wiederholen kann. Ein verantwortungsvoller Mitarbeiter fühlt sich unglücklich, wenn er etwas falsch gemacht hat und zusätzliche Bestrafung ist daher überflüssig.

Im Gegenteil, wenn jemand darauf vertraut, daß wirkliche Fehler nachsichtig untersucht werden, wagt er das Unmögliche, ist er bereit, Risiken auf sich zu nehmen und größere Verantwortung zu tragen. Durch Fehler entwickelt sich der Mensch weiter. Sie sind der Preis allen Fortschritts.

Daher werden Fehler in einer guten Firma kühl analysiert, um daraus geeignete Lehren für die zukünftige Führung zu ziehen. Bestrafung wird nur wiederholt unachtsamen, unehrlichen Mitarbeitern vorbehalten, und wenn bestraft wird, dann nur mit großem Widerwillen, denn Bestrafung bessert Menschen selten.

Selbstdisziplin ist die beste Form der Disziplin

Wie Fayol, ein großer Managementexperte, gesagt hat: „Disziplin ist, was Führer daraus machen." Wenn Unternehmer und Manager auf Disziplin erpicht sind, sollten sie in erster Linie selbst diszipliniert sein. Sie sollten pünktlich sein, so daß andere es auch sind. Wenn sie selbst systematisch arbeiten, so werden das ihre Mitarbeiter auch tun. Bestrafung ist nicht sehr effektiv, wenn man Disziplin schaffen will, und sie hat viele Nebeneffekte. Sie ruft Widerstand und Ärger hervor. Die Leute ziehen unbemerkt ihre Bereitschaft zur Zusammenarbeit zurück und sind nicht mehr mit ganzem Herzen bei der Arbeit, zeigen nur noch oberflächliches Interesse.

Daher ist Selbstdisziplin die beste Form der Disziplin. Sie ist am wirkungsvollsten, weil sie von innen kommt. Ein Verhaltenscodex, der durch Zusammenarbeit und mit Einverständnis der Mitarbeiter entwickelt wurde, wäre effektiver. Wenn die Mitmenschen herausfinden, daß Disziplin in ihrem eigenen Interesse liegt, richten sie sich wahrscheinlich auch danach.

Menschliches Verhalten ist kompliziert. Es kann nicht immer gleichbleiben. Niemand ist unfehlbar. Niemand ist perfekt

Menschen sind nicht perfekt. Menschen sind nun einmal Menschen, und auch die besten vergessen manchmal etwas. Auch ein zuverlässiger Mitarbeiter kann hin und wieder versagen und den Manager enttäuschen. Auch ein fähiger Mitarbeiter ist vielleicht einmal schlecht gelaunt und benimmt sich ab und zu eigenartig. Der Manager sollte dann niemals dessen Rechtschaffenheit, Stärken und Arbeitsleistung aus den Augen verlieren. Denn, was er *nicht kann* ist nicht so wichtig. Eine Firma entwickelt sich am besten durch die positiven Leistungen seiner Mitarbeiter.

Als einige Leute sich bei Abraham Lincoln beschwerten, daß General Grant, dem er große Sympathie entgegenbrachte, so viel Alkohol trank, erwiderte Lincoln schlagfertig, daß Grant schließlich im Kampf am erfolgreichsten sei. Er fügte hinzu: „Wenn ich wüßte, welche Marke er bevorzugt, würde ich einigen der anderen Generäle davon ein Faß schicken."

Konflikte können konstruktiv sein

Konflikte treten im Unternehmensalltag häufig auf. Zu viele wirken sich negativ aus; ein gewisses Maß an Auseinandersetzung ist jedoch unvermeidlich und sogar erwünscht: Es ist ein Zeichen ge-

sunden Widerspruches. Überhaupt keine Konflikte wären wie
eine Straße bei Glatteis.

Als Beispiel stellen Sie sich vor, das Essen, das in der Kantine
ausgeteilt wird, schmeckt verdorben, aber die Mitarbeiter essen
es, ohne zu protestieren. Das wäre fatal, denn es könnte durchaus
zu ernsten Erkrankungen, wie einer Lebensmittelvergiftung, führen. Schlüge man jedoch schnell Alarm, so könnte das Management umgehend entsprechende Maßnahmen ergreifen.

Geigenmusik erhalten wir durch Reibung. Ganz ähnlich können auch Meinungsverschiedenheiten konstruktiv sein. Die Ar-
beitssituation setzt sich aus mehreren Komponenten zusammen
– Konflikt, Kooperation, Partizipation und Führung. Die besten
Ergebnisse werden dadurch erzielt, daß diese Teile entsprechend
miteinander harmonieren.

Die Pflicht zu ausgezeichneter Arbeit ist Grundlage guter zwischenmenschlicher Beziehungen

Es ist ein Irrtum zu glauben, daß gute zwischenmenschliche Beziehungen durch verschwenderische Sozialleistungen, die großzügig und entgegenkommend geboten werden, erzeugt werden
können. Diese Methode, so edel sie auch immer sein mag, kann
Menschen nicht wirklich glücklich machen.

Intakte Arbeitgeber-Arbeitnehmer-Beziehungen können auf
diesem Weg allein nicht erreicht werden. Ein Unternehmen wird
aufgebaut, um Kunden in systematischer Art und Weise zu bedienen. Akzeptiert ein Unternehmen die dafür notwendige Disziplin
nicht, wird es seine eigenen Fundamente untergraben. Solch eine
Firma wird vom Markt zurückgewiesen.

Andererseits benötigt der Mitarbeiter feste und andauernde
Bindungen zu wichtigen Aufgaben, um innerlich glücklich sein
zu können. Ein Mitarbeiter ohne passende Aufgabe würde sich
elend fühlen, selbst wenn das Kantinenessen preiswert und ausge-
zeichnet ist. Die Japaner sagen: „Eine Welt ohne Schweiß verfällt". Ein Programm zur Entwicklung zuverlässiger Arbeitgeber-

Arbeitnehmer-Beziehungen muß mit der Verwirklichung hervorragender Leistung bei der täglichen Arbeit verbunden sein. Die Beschäftigten sind wirklich zufrieden, wenn sie stolz auf ihre Arbeit sein können und wenn sie Freude dabei empfinden, ihre Aufgaben optimal zu lösen.

18. Vorschläge für eine effektive Kommunikation im Unternehmen

Grundsätzliche Aktivität

Kommunikation ist eine fundamentale organisatorische Ressource. Sie ist so wichtig wie die Stromversorgung in einer Fabrik. Ohne Kommunikation kann keine Arbeit ausgeführt werden.

Die Arbeit beginnt erst, wenn eine Arbeitsanweisung gegeben wird. Es müssen wenigstens mündliche Anordnungen gegeben werden, damit mit der Arbeit begonnen werden kann. Zugleich stellt Kommunikation ein grundlegendes Werkzeug dar, Menschen zu motivieren und ihr Verhalten zu ändern. Sie ist jedoch ein im höchsten Grade komplizierter Vorgang.

Entwicklungsstufen

Man kann vier verschiedene Stufen unterscheiden, wie Kommunikation im Unternehmen aussehen kann.

Die Einweg-Kommunikation zielt darauf ab, notwendige Anweisungen und Informationen für die Arbeit zu geben. Zum Beispiel können Handbücher vorbereitet werden, um genaue Richtlinien für die tägliche Arbeit festzulegen. Eine Anweisung ist so eine Kommunikation, von einer übergeordneten Instanz ausgehend und an Untergebene der Organisation gerichtet.

Die zweite Stufe könnte man als Information darüber bezeichnen, was die Beschäftigten über Manager, Unternehmer und das

Unternehmen selber denken. Als Ergebnis des Einflusses der Human-Relations-Bewegung, wird nun der Haltung, Moral und den Meinungen und Werten der Beschäftigten mehr Beachtung geschenkt. Es wird als nötig erachtet, ihre Meinung zu verschiedenen Angelegenheiten herauszufinden, um sich ihrer Zusammenarbeit zu vergewissern. Zu diesem Zweck kann man Untersuchungen durchführen, Fragebögen verteilen, diese anschließend auswerten und die Ergebnisse umsetzen. Management braucht die notwendige Rückkopplung, um Projekte abzuändern und Zielsetzungen neu anzupassen, also notwendige Korrekturen vorzunehmen.

Die dritte Stufe ist eine Erweiterung der zweiten. Man weiß heute, daß die menschlichen Fähigkeiten die wichtigsten Ressourcen eines Unternehmens darstellen. Menschliche Kenntnisse und Vorstellungskraft sind bedeutende Bestimmungsfaktoren der Produktivität.

Diese menschlichen Ressourcen können am besten entwickelt und nutzbar gemacht werden, wenn die Beschäftigten an den Aktivitäten der Firma direkt beteiligt werden. Darum muß das Management die Mitarbeiter ermutigen, ihre Gedanken frei auszutauschen und Vorschläge und Lösungen für Verbesserungen der Firmenstruktur vorzutragen. Dadurch wird Kommunikation von unten nach oben ermöglicht.

Die vierte Entwicklungsstufe in der Kommunikation bezieht sich auf die Verantwortung des einzelnen Unternehmens gegenüber der Gesellschaft. Es ist erforderlich, die Öffentlichkeit über die Firmenaktivitäten aufzuklären. Sehr oft wird in der Öffentlichkeit in Wirtschaftsorganisationen nur das erfolgshungrige Unternehmen, ohne alle menschlichen oder ethischen Überlegungen gesehen. Es ist deshalb zum Beispiel wichtig, die Funktion des Gewinns zu erklären. Es kann erforderlich sein herauszustellen, wie die Zielsetzung der Firma auch der Gesellschaft nützt und wie die Firma die Gesellschaft schützt, zum Beispiel durch die Bewahrung natürlicher Rohstoffe oder die Verhinderung von Unfällen und Umweltverschmutzung.

Das Wichtigste in einem Kommunikationsprozeß

Eine erfolgreiche Kommunikation hängt vom richtigen Verständnis folgender Faktoren ab:

- Sinn und Zweck der Mitteilung
- Sinneseindrücke des Empfängers und
- benutzte Sprache in der Mitteilung.

Es ist bekannt, daß Kommunikation einer Vielzahl von Zwecken dienen kann, wie zum Beispiel: Anweisungen und Anordnungen geben; Lob oder Tadel ausdrücken; Meinungen, Vorschläge einholen, Zusammenarbeit sichern; überreden, aufklären, informieren; Begeisterung wecken, Zweifel und Furcht beheben; Zustimmung oder Ablehnung übermitteln; einschüchtern und warnen und auch irreführen und verschleiern.

Der Empfänger hat seine Erwartungen

Kommunikation hängt vom Empfänger ab. Er muß sie interpretieren und ihr Gestalt geben. Wenn ein Brief vom Empfänger nicht gelesen wird, kann es keine Kommunikation geben. Und sogar, wenn er ihn liest, färben seine Erwartungen die Inhalte. So könnte zum Beispiel ein Brief über das vorgeschlagene Problem zum Job Enlargement von einem kommunistischen Gewerkschaftschef als Trick der Firmenleitung verstanden werden, die Arbeiter auszubeuten.

Man muß beachten, daß Ideen und Überzeugungen sehr differieren können. Sitzen mehrere Experten in einem Ausschuß, so wird es zum Beispiel schwierig, zu einer Übereinstimmung zu kommen, wenn ihre Vorstellungen ganz unterschiedlich sind.

Ein Finanzexperte wird zum Beispiel davon ausgehen, daß alle Ausgaben für Kunstausstellungen unproduktiv sind. Darum ist es nötig, die Vorstellungen des Gegenüber zu kennen, um ein Gespräch miteinander erfolgreich zu gestalten. Der Gesprächsführer hat seine Aufmerksamkeit auf seinen Gesprächspartner zu richten. Er muß dazu lernen, den Inhalt der Unterhaltung auch vom Standpunkt des Gegenübers aus zu betrachten und sich sprachlich so ausdrücken, daß ihn der Partner leicht verstehen kann.

Der Tonfall sollte dem beabsichtigten Ergebnis entsprechen. Der Gesprächsführende muß sich in der Sprache des Gegenübers ausdrücken.

Angenommen, ein Manager spricht mit ungelernten Arbeitern über partizipatives Management, so sollte er herausfinden, was sie wahrscheinlich akzeptieren werden und was sie verstehen können. Es ist wichtig, mit ihnen möglichst auf ihrem eigenen Sprachniveau zu sprechen.

Der Zweck der Mitteilung bestimmt Sprache und Tonfall der Kommunikation. Wenn die Absicht ist, um Kooperation der anderen Seite zu werben, müssen die Worte so gewählt werden, daß sie an deren Selbstwertgefühl und Interesse appellieren. Dazu muß der Ton aufrichtig sein.

Andererseits müßte die Wahl der Sprache bei einer Mahnung anders lauten. Hier gibt es wieder verschiedene Abstufungen – eine erste Mahnung kann vorsichtig im Ton sein, eine abschließende dagegen scharf.

Warum Mitarbeiter sich ungern mitteilen

Unternehmer und Manager sind mehr und mehr an den Fragen der Kommunikation interessiert, aber die praktischen Ergebnisse sind nicht sehr befriedigend. Eine Untersuchung, die in Amerika von einem sehr bekannten Kommunikationsexperten namens Alfred Vogel gemacht wurde, zeigt, daß viele Beschäftigte es als höchst schwierig empfinden, bei der Unternehmensleitung Gehör zu finden.

Die genannte Untersuchung hat auf eine Reihe wichtiger Hindernisse bei einer Kommunikation von unten nach oben hingewiesen: Warum Mitarbeiter nicht effektiv mit ihren Vorgesetzten und Managern kommunizieren können.

156

Mitarbeiter haben im allgemeinen Angst, ihre wahren Gefühle zu äußern, weil sie meinen, dies könnte nachteilig für sie sein. Ehrlichkeit wird selten belohnt, Schmeichelei hingegen des öfteren. Darum scheint es ihnen vernünftig zu sein, nicht irgend etwas auszusprechen, was das Mißfallen der Vorgesetzten auslösen könnte. Sie denken, jede Kritik an Vorgesetzten, der Firma oder dem leitenden Personal würde ihre Beförderungsmöglichkeiten nachteilig beeinflussen, darum sei es besser, Widerspruch zu unterdrücken, als ihn zu äußern.

Mitarbeiter empfinden sehr oft, daß das Management eigentlich nicht an ihren Problemen interessiert ist. Ihre Position ist folgende: Das Management hat kein wirkliches Interesse an Vorschlägen der Mitarbeiter. Eigentlich glaubt kein Manager an die Fähigkeit des Mitarbeiters, konstruktive Vorschläge machen zu können. Er betrachtet das ganze Vorschlagswesen als verlorene Zeit. Solche Anregungen sind nicht gefragt, und wenn sie trotzdem geäußert werden, sind sie keinen ernsthaften Gedanken wert. Gute Vorschläge werden somit auch selten gewürdigt oder belohnt.

Sogar unmittelbare Vorgesetzte sind nicht ohne weiteres ansprechbar. Wenn sie schließlich einmal zugänglich sind, hören sie nicht richtig zu. Ihre Reaktion läßt jede Wärme und jeglichen eigenen Antrieb vermissen, sie bleibt reine Formalität. Das Management wird auch nur selten direkt tätig bei Problemen der Mitarbeiter.

Aus dieser kurzen Darstellung wird ersichtlich, daß in diesem Klima des Mißtrauens die Kommunikationskanäle oft versperrt sind, egal ob von unten nach oben, von oben nach unten oder seitwärts von Mitarbeiter zu Mitarbeiter. Gute Kommunikation aber braucht ein ungestörtes Klima und eine Atmosphäre des Vertrauens.

Die andere Seite

Es gibt auch eine andere Seite dieser Frage, die kurz angesprochen werden soll. Ein Manager hat viele Aufgaben neben seiner

Verantwortung für die Beschäftigten. Selbstverständlich ist die Zeit, die er Personalfragen und Gesprächen widmen kann, nicht unbegrenzt.

Information ist wichtig und hilfreich, wenn sie richtig, sachdienlich, überschaubar und zur rechten Zeit gegeben wird. Es ist wie bei der Beleuchtung. Ausufernde Information kann genauso blind machen wie extrem helle Beleuchtung.

Es ist eine bekannte Tatsache, daß zu viele Informationen zu einem bestimmten Thema am Ende nichts bewirken. Sie werden unter Umständen gar nicht mehr verarbeitet. Ein neuer Direktor, der die Leitung seiner Firma übernahm, machte eine Ankündigung, daß es jedermann freistehe, am Nachmittag ohne vorherige Anmeldung zu ihm zu kommen.

Nahezu fünfhundert Arbeiter versammelten sich am nächsten Tag vor seinem Büro mit ihrem persönlichen Beschwerdekatalog. Das war nun eine völlig undurchführbare Aufgabe, so daß die Ankündigung zurückgenommen werden mußte.

Wenn Aussprachen ihrem Zweck dienen sollen, müssen Umfang, Qualität, Kommunikations-Kanäle und zeitliche Planung genau beachtet werden. Geschieht dies nicht, werden wir statt Aussprache und gegenseitigem Verstehen nichts als Kommunikationsstörung, Verwirrung und Mißverständnisse haben.

Zuhören und nonverbale Kommunikation

Zuhören ist wichtig. Es ist nicht leicht, denn es erfordert Konzentration, Geduld und Toleranz. Es verlangt die sofortige Fähigkeit, sich in die Gedankenwelt des Mitteilenden zu versetzen. Nonverbale Kommunikation ist ein wichtiger Teil des gesamten Kommunikationsprozesses. Wenn eine Führungskraft lächelt oder die Stirn runzelt, ist das ein Zeichen der Zustimmung oder des Mißfallens. Eine gute Führungskraft wird wahrscheinlich mit Gesten, Kopfnicken, Lächeln, Tonfall und Gesichtsausdruck Einfluß auf die tägliche Arbeit in der Firma nehmen können.

Auch Zuhören kann ein Austausch von Informationen sein, wenn die Reaktionen des Zuhörers durch Gesichtsausdrücke und Gesten übermittelt werden. Natürlich ist Zuhören nur Teil des gesamten Kommunikationsnetzwerkes, und durch sich selbst kann es nichts bewirken.

Partizipatives Management und Kommunikation

Der Erfolg des partizipativen Managements hängt zum großen Teil von der Kommunikation ab. Mitbestimmung fordert gegenseitiges Verstehen und Vertrauen. Nur wirklicher Informationsaustausch kann guten Willen und Verstehen fördern, aufrechterhalten und weiterentwickeln.

Die Kunst, zu überzeugen, unterscheidet sich vollkommen von einer logischen Beweisführung.

Manager müssen die Vorstellungen der Mitarbeiter verstehen, ebenso ihre Erwartungen und ihre Sprache. Es ist auch nötig, daß Gedankenaustausch auf dem Sprachniveau erfolgt, das von den Mitarbeitern leicht verstanden wird.

Voltaire pflegte alles, was er geschrieben hat, seiner Köchin vorzulesen, und wenn sie es nicht verstanden hatte, schrieb er es neu. Das ist wirklich eine goldene Regel, der man folgen kann. Mitteilungen sollten darum in einer sehr einfachen, einleuchtenden Sprache geschrieben werden. Sie sollten überzeugend, kurz und klar sein.

19. Die Qualität des Arbeitslebens: Ein neues Konzept

Erwartungen ändern sich

Früher einmal setzten sich Arbeiter ausschließlich für höhere Löhne, feste Anstellung und bessere Sozialleistungen ein. Sie sind jedoch heute nicht mehr mit solchen Forderungen zufrieden, sondern sie möchten menschenwürdig leben, und sie möchten eine bessere Qualität des Arbeitslebens erlangen. Sie wollen eine sinnvolle, interessante und anspruchsvolle Tätigkeit. Sie möchten, daß man sie um Rat fragt und ihnen eine Möglichkeit gibt, bei den Vorhaben der Firma mitzubestimmen.

1972 ereignete sich ein ungewöhnlicher Streik im Montagewerk von General Motors in Lordstown, Ohio. Dieser Streik wurde gegen sinnlose Arbeit und gegen autoritäres Management geführt. Mit anderen Worten, es wurde nicht für höhere Löhne gestreikt, sondern für eine bessere Qualität des Arbeitslebens.

Dieses Thema hat mittlerweile sehr an Bedeutung gewonnen. Experten sind dabei herauszufinden, wie Arbeitsplätze und Arbeit so umgestaltet werden können, daß zum Beispiel die Arbeit in Fabriken der Würde des Menschen angemessen ist. Nicht nur die Arbeiter, sondern auch die Öffentlickeit ist sich der Bedeutung dieser Forderung bewußt geworden.

Fortschrittliche Unternehmer und Manager erkennen auch, daß Mitarbeiter heute eine umfassende Bildung haben. Und wenn man ihre Arbeit nicht neu gestaltet, wird ihre Unzufriedenheit zunehmen. Aber nicht nur das, die Produktivität kann durch das Umgestalten der Arbeitsplätze gefördert werden.

Die traditionelle Methode

Unter dem Einfluß des Taylorismus wurden Tätigkeiten aufgesplittert, herabgestuft und vereinfacht. Die Planung wurde von der Ausführung getrennt. Anstelle von verläßlicher Handwerkertradition und Selbstdisziplin wurden starre Kontrollen eingeführt. Menschliches Urteilsvermögen ersetzte man durch Automation. Aber statt die Produktivität zu steigern, haben diese Maßnahmen Unzufriedenheit bei den Beschäftigten hervorgerufen und die Unruhe in der Industrie verstärkt, wobei zugleich die Produktivität abnahm.

Die neue Methode

Taylorismus schafft eine entschiedene Abneigung gegenüber Arbeit, er löscht alles Interesse an ihr aus. Das menschliche Potential – Wissen, Geschicklichkeit, Vorstellungskraft und Engagement – wird überhaupt nicht genutzt. Die Firmen versäumen es, richtigen Nutzen aus dem wertvollsten, was ihnen zur Verfügung steht, zu ziehen, dem Menschen.

Arbeitsplätze müssen daher erweitert und angenehmer gestaltet werden, damit sie attraktiver werden. Man muß Mitarbeitern größere Freiheit bei der Planung ihrer Arbeit und auch größere Verantwortung für das Management ihrer eigenen Aufgaben geben. Sie sollten Arbeit als Chance zur Selbstentwicklung betrachten und selbstdiszipliniert sein. Dieses steht im Einklang mit menschlicher Würde, und ausschließlich auf diese Weise kann ein Unternehmen seine Leistungsfähigkeit vergrößern.

Qualität des Arbeitslebens

Selbstverständlich ist es nicht möglich, die Qualität des Arbeitslebens genau zu bestimmen. Naturgemäß kann Qualität nicht so einfach gemessen werden. Beispielsweise ist Schönheit nicht meßbar. Aber es ist durchaus möglich, einige klare Merkmale der unterschiedlichen Aspekte der Qualität des Arbeitslebens zu nennen. Diese werden im folgenden kurz besprochen.

Angemessene Löhne und Gehälter

Eine Belegschaft sollte angemessene und gerechte Gehälter erhalten, damit sie sich vernünftig versorgen kann. Die Gehälter müssen vergleichbar denen ähnlicher Jobs in anderen Firmen sein. Sie müssen auch in Bezug stehen zum Beispiel zu den Lebenshaltungskosten.

Sicherer und gesunder Arbeitsbereich

Arbeit sollte keine unnötigen Gefahren mit sich bringen. Man sollte Mitarbeiter nicht schädlichen Bedingungen aussetzen – Zusammenarbeit mit zu vielen Menschen, giftigen Gasen und stark verschmutzter Luft. Es müssen Schritte zur Reduzierung von Geruch, Lärm, Hitze und ähnlichen Störfaktoren unternommen werden. Dies ist der negative Aspekt. Der positive ist, daß Unternehmen gut geplant und die Arbeitsplätze freundlich und anregend sein sollten.

Entwicklung menschlichen Talentes

Arbeit sollte sich die volle Bandbreite menschlicher Talente zunutze machen. Dies ist das dringendste menschliche Bedürfnis. Der Mensch findet erst Erfüllung, wenn er seine Fähigkeiten so weit wie möglich entwickelt.

In der modernen Welt muß solch eine Entwicklung notwendigerweise durch Berufstätigkeit stattfinden. Interessante und anspruchsvolle Arbeit ist ein wichtiger Aspekt der Qualität des Arbeitslebens.

Aufstiegschancen

Hier gibt es drei Gesichtspunkte: In erster Linie sollte Arbeit die gesamte Breite gewonnener Kenntnisse und Erfahrungen des Mitarbeiters nutzen. Wenn einem Elektroingenieur ein Job zugewiesen wird, der keinerlei elektronisches Wissen erfordert, so ist dies eine Verschwendung seiner Talente. Seine Kenntnisse werden einrosten. Wenn andererseits ein Angestellter sich neue Kenntnisse und Erfahrungen aneignet, so sollte bei seinen zukünftigen Aufgaben entsprechend Gebrauch davon gemacht werden. Die Beförderung erfüllt dabei auch einen sozialen Zweck. Sie bedeutet eine Anerkennung der Leistung der Angestellten. Liebe, Zuneigung und Respekt von Freunden und Familienmitgliedern werden durch eine Beförderung noch gesteigert. Die Versetzung an eine Position mit größerer Verantwortung ist der sichtbarste Ausdruck davon, daß ein Mitarbeiter erfolgreich arbeitet und dies anerkannt wird.

Lebensspanne

Das Konzept der Lebensspanne erfordert ein paar Erklärungen. Arbeit ist zweifellos der zentrale Punkt im Leben eines Menschen. Jedoch existieren auch andere Bezugspunkte. Beispielsweise hat der einzelne eine Verantwortung gegenüber seiner Familie. Er muß seinen Kindern eine gute Erziehung zuteil werden lassen. Wenn jemand aufgrund einer Beförderung an einen Ort versetzt wird, an dem es keine vernünftigen Schulen gibt, wird sein Leben erheblich beeinträchtigt. Sein Familienleben kann durch häufige Dienstreisen, Umzüge und fortwährende Nachtschichten gestört werden. Auch Arbeit, die so fordernd ist, daß sie dem einzelnen die Freizeit raubt, ist schädlich. Kurz gesagt, das Konzept der Lebensspanne bedeutet, daß verschiedene Bedürfnisse, wie beispielsweise Gesundheit, Glück und Weiterentwicklung des einzelnen genauso wie die Anforderungen der Arbeit innerhalb des Unternehmens richtig ausbalanciert sind.

Gesellschaftliche Bedeutung

Eine Firma, die sich nicht um das Wohlergehen der Gesellschaft kümmert, rücksichtslos die Rohstoffquellen ausbeutet und die Umweltverschmutzung noch verschlimmert, kann weder soziale Anerkennung noch Respekt erlangen. Auch wird ernsthafte Kritik herausgefordert, wenn ein Unternehmen unmoralische Geschäftspraktiken anwendet. Menschen, die bestimmte ethische Prinzipien haben, möchten dort nicht tätig sein.

Arbeit in Amerika

„Arbeit in Amerika" ist der Titel eines Sonderberichtes, der von Experten für die US-amerikanische Regierung angefertigt wurde. Er erweckte großes Interesse und führte zu vielen Diskussionen. Der Report hebt die nachteiligen Folgen heute praktizierter Personalorganisation hervor. Er weist darauf hin, daß die Belegschaft gegenüber der Qualität der geleisteten Arbeit zunehmend gleichgültig wird. Der reibungslose Ablauf der Arbeit wird aufgrund größerer Arbeitskräftefluktuationen, Abwesenheit, plötzlichen Arbeitsunterbrechungen und sogar von Sabotage an Betriebseinrichtungen und Maschinenpark gewaltsam unterbrochen.

Es gibt eine zu beachtende veränderte, negative Einstellung gegenüber industrieller Arbeit. Einige Kritiker allerdings stimmen dieser Ansicht nicht zu. Sie sind der Auffassung, nur eine kleine Minderheit der Beschäftigten sei davon betroffen. Ferner sei wirklich auch nicht viel Spielraum für die Änderung der gegenwärtigen Arbeits- und Organisationsmuster vorhanden. Die Leute erwarteten meistens nur gute Bezahlung und weiter nichts. Entsprechend dieser Denkschule ist Geld wichtiger als die Qualität des Arbeitslebens.

„General Foods" in Topeka, Kansas

Dies ist eines der wichtigsten Experimente, die sich mit der Reorganisation von Arbeit befassen. Außerdem ist es bemerkenswert erfolgreich. Daher wollen wir es kurz beschreiben.

Die Fabrik stellt Tierfutter her. Sie wurde von Richard E. Walton, einem bekannten Experten, geplant. Er wollte eine hohe Qualität des Arbeitslebens schaffen und dadurch wirkliche menschliche Anteilnahme der Mitarbeiter an der Arbeit erreichen.

Die Arbeiter sind in kleine, sich selbst verwaltende Gruppen eingeteilt. Jede von ihnen umfaßt ungefähr sieben bis vierzehn Mitglieder. Diese Teams haben die Verantwortung für Aufgaben, die miteinander in Wechselbeziehung stehen und die Gelegenheit für direkte Kommunikation bieten. Sie besprechen und entscheiden wichtige Angelegenheiten. Sie sind beispielsweise ermächtigt, neue Mitglieder für ihre Gruppe auszuwählen.

Es wird versucht, die Aufgabenverteilung so anspruchsvoll wie möglich zu gestalten. Die Gruppen sind für eine Reihe zusammenhängender Aufgaben, wie zum Beispiel Planung, Koordinierung, Wartung und Qualitätskontrolle, verantwortlich. Die Belegschaft wird dazu ermutigt, voneinander zu lernen.

Ein bemerkenswertes Kennzeichen dieses Unternehmens ist, daß es dort keine Vorarbeiter gibt. Ursprünglich wurde anstelle des Vorarbeiters eine „Gruppenleiterposition" geschaffen, doch nun haben sich die Gruppen so entwickelt, daß man solche Positionen für überflüssig hält und sie daher abgeschafft hat.

Auch die Vorschriften werden von den Arbeitsgruppen selbst entwickelt. Statussymbole wurden abgebaut: Es gibt beispielsweise einen einzigen Eingang sowohl für das Büropersonal als auch für die Arbeiter.

166

Die Ergebnisse sind sehr ermutigend und haben in großem Umfang die Erwartungen erfüllt. Die Belegschaft lobt den Abwechslungsreichtum der Arbeit, Achtung und Einfluß, den sie genießt, den Teamgeist, die offene Kommunikation und Einarbeitung in neue Tätigkeiten bei „angemesser Bezahlung". Manager sind gleichermaßen zufrieden. Der Arbeitskräftebedarf ist um 35 Prozent zurückgegangen, Produktionsverluste aufgrund von Unterbrechungen, Abwesenheit, Arbeitskräftefluktuation und Desinteresse sind wesentlich gesenkt worden.

Das Volvo-Montagewerk in Schweden

Angesichts einer sehr häufigen Arbeitskräftefluktuation hat diese Firma ihre bestehenden Fabriken in Lundby und Torslanda reorganisiert. Man erweiterte die Tätigkeit vieler Mitarbeiter. Produktionsgruppen, die sich jeweils aus drei bis zehn Leuten mit gemeinsamen Aufgaben zusammensetzten, wurden gebildet. Jedes Team wurde mit Verantwortung und entsprechender Befugnis ausgestattet, und die Teams bekamen größere Freiheit, ihre Arbeit selbständig zu planen.

Das gesamte Projekt hatte sowohl die Unterstützung der Unternehmensleitung als auch der Gewerkschaft. Es ist ein Erfolg – durch größere Zufriedenheit der Belegschaft, geringere Fluktuation und weniger Fehlzeiten. Es gab auch keinen Personalabbau, da dies vorher mit der Gewerkschaft ausgehandelt worden war.

Eine revolutionäre Fabrik in Kalmar

Volvo hat, durch diese Ergebnisse ermutigt, in Kalmar eine wirklich revolutionäre Fabrik errichtet. Dort wird von 25 Gruppen, die jeweils aus ungefähr 15 Arbeitern bestehen, Montagearbeit geleistet. Jede Gruppe ist für einen vollständigen Teil des Wagens verantwortlich – wie beispielsweise Räder und Bremsen.

Die Gruppen verfügen über völlige Freiheit bei der Arbeitsplanung und der Versorgung mit Nachschub. Der Vorarbeiter ist in der Lage, mehr Zeit auf langfristige Planung zu verwenden, da die Teams ihre tägliche Arbeit selbständig und mit Kompetenz schaffen. Auch das Gebäude ist einzigartig. Jede Gruppe arbeitet unabhängig, fast als sei sie in einem getrennten Gebäude untergebracht. Die abgeschirmten Arbeitsbereiche, batteriebetriebenen Laufkatzen, geräuschabsorbierenden Decken und gedämpften elektrischen Werkzeugen tragen alle dazu bei, daß es in dieser Fabrik so außergewöhnlich ruhig ist. Die von den Teams benötigte Information liefert ein Computersystem mit laufenden Bildschirminformationen. Es ist sehr viel Geld in diese Fabrik investiert worden und nun bleibt abzuwarten, ob sich die Hoffnungen erfüllen.

Der Standpunkt der Gewerkschaft

Gewerkschaftsführer stehen allen diesen Ideen des Job Enrichments eher skeptisch gegenüber. Sie sind der Ansicht, dies sei nur ein anderer Begriff für Zeitstudien und damit ein Trick, die Arbeiter auszunutzen.

„Wenn Sie die Arbeitsplätze ‚bereichern' wollen, dann erhöhen Sie doch die Bezahlung!" sagte Winpinsinger, ein bekannter Vertreter einer Arbeiterorganisation. Er tritt für kürzere Arbeitszeiten, längeren Urlaub und vorgezogenen Renteneintritt anstelle des, wie er es nennt, „momentanen Dingsda" des Job Enrichments ein.

Internationale beratende Versammlung über die Qualität des Arbeitslebens

Dieser Rat wurde 1974 in Genua gegründet, und er hat auf diesem neuen Gebiet wertvolle Arbeit geleistet. Qualitative Verbesserungen in solch einem umfangreichen und schwierigen Bereich erfordern anhaltende Bemühungen über viele Jahre hinweg. Aber man kann wohl sagen, daß ein Vorstoß in die richtige Richtung gemacht worden ist. Und sogar einige Gewerkschaftsführer interessieren sich mittlerweile für dieses Thema.

20. Wie die Personalabteilung erfolgreicher wird

Herzbergs Motivation – Hygiene Theorie

Herzberg, einer der einflußreichsten Managementexperten der heutigen Zeit, entwickelte die berühmte Theorie über Motivationspflege (Motivation – Hygiene Theorie). Auf diese Theorie ist schon in einem früheren Kapitel Bezug genommen worden. Herzbergs Theorie versucht eine Antwort zu geben auf die Frage: Was erwartet ein Mensch von seiner Arbeit?

Traditionell sind wir geneigt zu glauben, daß ein Beschäftigter von seiner Firma eine dauerhafte Stelle bei guter Bezahlung, weiterhin einen sicheren Arbeitsplatz, ein gutes Betriebsklima „vor Ort" und angemessene Aufstiegschancen erwartet.

Aber bezogen auf diese Theorie ist das alles nur teilweise richtig. Vielmehr ist das Bild sogar in vielen wichtigen Punkten irreführend, weil es den Menschen in seinen Bedürfnissen dem Tier vergleichbar darstellt, obwohl der Mensch zusätzlich zu den vielen oben genannten Dingen auch eine Gelegenheit zu psychologischem Wachstum benötigt.

Er möchte lernen, Verantwortung übernehmen und er möchte sich selbst verwirklichen können. Er möchte seine gesamten Fähigkeiten in die Tat umsetzen können. Solange diese menschlichen Bedürfnisse nicht erfüllt sind, kann er nicht wirklich glücklich sein. Jemand, der zwar eine gute Bezahlung bekommt, aber nur mit einfacher Routinearbeit betraut wird, fühlt sich unglücklich.

Hygiene-Faktoren

Bezahlung, zwischenmenschliche Beziehungen, Sicherheit am Arbeitsplatz, der Führungsstil sowie auch die Regeln und Bestimmungen in einem Unternehmen werden Hygiene-Faktoren genannt.

Manager werden aus der Fassung gebracht durch lang anhaltende industrielle Unzufriedenheit, die sie den in Hinsicht auf die Hygiene-Faktoren unbefriedigenden Arbeitsbedingungen zuschreiben.

Mitarbeiter setzen sich ebenfalls fortwährend für die Verbesserung der Arbeitsbedingungen ein. Die Unternehmensleitungen vieler Firmen revidieren häufig die Lohntabellen. Sie wenden immer mehr auf für soziale Einrichtungen wie Kantinen und den Betriebssport.

Dennoch gibt es deshalb kaum mehr Zufriedenheit oder eine erwähnenswerte Produktivitätssteigerung. Sofern sich überhaupt eine Verbesserung zeigt, ist sie nicht von langer Dauer und wird kurze Zeit später durch ein neues Papier mit Forderungen abgelöst. Die Problematik dieser Unzufriedenheit besteht fort.

Umgestaltung der Personalabteilung

Im Augenblick richten die Personalabteilungen ihr Hauptaugenmerk auf Fragen der Hygiene-Faktoren. Dabei wird die wichtigste Aufgabe, nämlich die Mitarbeiter durch die Arbeit selbst zu fördern, übersehen. Das soll nicht heißen, die jetzige Arbeit sei unwichtig und sollte beendet werden. Ganz im Gegenteil, sie muß sogar noch sorgfältiger und systematischer getan werden. Die Zukunft der Unternehmen wird jedoch davon abhängen, wie sich die Lösung dieser grundlegenden Aufgabe, die Entwicklung menschlicher Talente und Energien, gestalten wird.

Zwei separate Unterabteilungen

Aus diesem Grund hat Professor Herzberg vorgeschlagen, daß die Personalabteilung einer Firma zwei Unterabteilungen haben sollte: Unterabteilung für „Hygiene" (mit der Verbesserung der Arbcitsbcdingungen betraut) und Unterabteilung für Motivation (mit den Problemen der menschlichen Entwicklung befaßt). Letztere sollte drei Aufgaben erfüllen:

- Weiterbildung der Mitarbeiter,
- Umstrukturierung von Arbeitsplätzen, zum Beispiel Job Enrichment und
- Verbesserungen der Arbeit.

Weiterbildung und Entwicklung

Traditionsgemäß hat das Management die Unzufriedenheit der Arbeiter stets auf Mißstände hinsichtlich der Arbeitsbedingungen, besonders aber der Bezahlung, zurückgeführt. Ergebnis dessen war, daß die Arbeiter selbst anfingen zu glauben, dies sei der Grund ihrer Unzufriedenheit. Darum setzen sie sich natürlich auch endlos für höhere Bezahlung und andere, ähnliche Vergünstigungen ein. Alle Anstrengungen des Managements, ein harmonisches Klima durch bessere Betriebsbedingungen zu schaffen, waren nicht sehr erfolgreich. Die Unzufriedenheit hält an.

Inzwischen sind höhere Löhne eine Angelegenheit des rechtlichen Anspruchs geworden. Aber selbst, wenn man dieses Recht einräumt, führt es nicht zu höherer Produktivität.

Dafür gibt es ein paar wesentliche Gründe. Menschen sind sich ihrer spezifisch menschlichen Bedürfnisse nicht immer bewußt. Sie denken ständig im Sinne von tierischen Bedürfnissen, die materieller Natur sind.

Die Abteilung für Motivation eines Unternehmens wird die Menschen in dieser Beziehung fortzubilden haben. Ein Mensch ist nur dann glücklich, wenn er seinen Verstand und seine Vorstellungskraft voll einsetzen kann. Verantwortungsvolle, fordernde und schöpferische Arbeit fördert und bereichert die Persönlichkeit. Die Möglichkeit zur Entwicklung der menschlichen Fähigkeiten ist dabei das Grundbedürfnis. Der Mensch ist nur dann wirklich glücklich und zufrieden, wenn er Kompetenz und Selbstsicherheit entwickelt.

Ziel des Weiterbildungsprogramms ist, all diese Gesichtspunkte menschlicher Bedürfnisse vollständig zu klären. Menschen sind sich ihrer wirklichen Bedürfnisse oft selbst nicht bewußt. Wenn jemand gebeten wird, sich Ereignisse in Erinnerung zu rufen, bei denen er sich im Büro oder im Fabrikleben glücklich fühlte, wird man schnell herausfinden, daß die meisten erfreulichen Erinnerungen im Zusammenhang mit außergewöhnlichen Leistungen bei der Arbeit stehen.

Job Enrichment

Job Enrichment ist eine Möglichkeit, Arbeitsplätze so umzugestalten, daß sie mehr Verantwortung beinhalten und eine weitere Chance zur Verwirklichung der menschlichen Fähigkeiten anbieten.

Job Rotation, was nichts anderes als gleichgeartete Tätigkeit an verschiedenen Arbeitsplätzen bedeutet, kann diesen Zweck nicht erfüllen. Arbeitsplatzwechsel bedeutet kaum wirkliche Befriedigung. Im Gegenteil: Jemand, der seinen Platz häufig wechseln muß, wird selten eine engere Beziehung zu seiner Arbeit finden. Er wird darum seine Arbeit vielleicht nachlässig machen und keine Befriedigung aus ihr ziehen können.

Job Enrichment aber zielt darauf ab, eine größere Bandbreite für psychologisches Wachstum anzubieten, das die wahre Triebfeder des Glücksgefühls ist.

Das Wesen des Job Enrichments

Herzberg hat verschiedene Stufen eines psychologischen Wachstums angenommen: besseres Wissen, besseres Verstehen, die Fähigkeit, mit problematischen Situationen umgehen zu können, Einfallsreichtum und schließlich Perfektion.

Arbeitsplätze müssen im Hinblick auf diese Entwicklungsstufen umstrukturiert werden. Wenn eine Arbeit schwieriger wird, bedeutet die gute Ausführung zugleich das Gefühl, einen Erfolg erzielt zu haben. Wenn dieses Gefühl aufkommt, trägt es zur allgemeinen Zufriedenheit bei. Darüber hinaus regt es zu noch besserer Arbeitsleistung an.

Größere Verantwortung bedeutet Mitdenken, Phantasie entwickeln, Planen und veranlaßt zugleich dazu, seine Arbeit mit größerer Sorgfalt und persönlichem Einsatz auszuführen. Dies alles gibt dem Mitarbeiter eine Möglichkeit zur eigenen Weiterentwicklung.

Die meisten Arbeitsplätze können auf verschiedene Weise und in unterschiedliche Richtungen erweitert werden, so daß sie Gelegenheit zu phantasievollem Mitdenken und zur Kreativität bieten. Zum Beispiel kann ein Marketingmanager mit ausreichender Entscheidungsfreiheit auf verschiedenen Wegen herausfinden, wie er am besten Werbung für sein Produkt machen kann.

Förderung ist nicht notwendigerweise nur Beförderung; Förderung bedeutet auch, dem Mitarbeiter umfangreichere, verantwortungsvollere Aufgaben zu geben. Beispielsweise heißt Förderung auch, einen Sachbearbeiter für Werbeetats, der bislang nur Daten und Informationen sammelte, mit der Fertigstellung des Etats für eine ganze Abteilung zu beauftragen. Er muß dabei viele Fragen stellen, eine Reihe von Alternativen in Betracht ziehen und Entscheidungen treffen. Dies stellt eine Herausforderung dar, die ihn beruflich weiterkommen läßt.

Mehr noch, wenn die neue Aufgabe so gestaltet ist, daß sich der Mitarbeiter mit ihr voll identifizieren kann, wird seine Initiative durch ihn geweckt. Er holt aus sich das beste heraus. Dies sind ein paar Möglichkeiten, wie Arbeitsplätze bereichert werden können.

Natürlich muß man sich stets vor Augen halten, daß nicht jeder Arbeitsplatz so ausgeweitet werden kann, daß alle angesprochenen Elemente enthalten sind. Aber zugleich gibt es viele Arbeitsplätze, die in der einen oder anderen Weise einen Ausbau zulassen.

Arbeitsverbesserung

Dritter Aufgabenbereich der Unterabteilung Motivation ist es, sich um Verbesserungen der Arbeit zu kümmern. Die Hauptaspekte dabei sind die Probleme technologischer Überalterung, schlechte Ausführung der Arbeit durch Mitarbeiter und verwaltungsinterne Revision.

Die Technik entwickelt sich ständig weiter. Neue Maschinen ersetzen die alten, und neue Verfahren lassen vorhandene Erfahrungen von Mitarbeitern veralten. Die Firma sieht sich zuweilen in einer Zwangssituation. Mitarbeiter können nicht einfach entlassen werden, es ist zudem auch nicht fair, dies zu tun. Es ist Aufgabe dieser Abteilung, solche Problemstellungen zu untersuchen und gegebenenfalls die Umschulung des Personals für neue Arbeitsplätze zu planen.

Weiterhin gibt es auch das Problem des Versagens. Einige Mitarbeiter erfüllen gar nicht die in sie gesetzten Erwartungen, andere nur schlecht. Solche Fälle müssen genau überprüft werden. Wenn jedoch herausgefunden wird, daß eine Aufgabe sogar von einem Mitarbeiter mit herausragenden Fähigkeiten nicht erfüllt werden kann, muß sie konsequent neu durchdacht werden.

Auf der anderen Seite kann die Aufgabe vielleicht lösbar sein, der Mitarbeiter ist allerdings nicht dazu in der Lage, weil er ihr verstandes- oder gefühlsmäßig nicht gewachsen ist. Ihm muß dann eventuell eine andere Aufgabe gestellt werden, wahrscheinlich eine etwas leichtere.

Ähnlich müssen auch Richtlinien und Verfahren, die die Belegschaft betreffen, regelmäßig durchgesehen werden. Das ist ebenfalls Aufgabe der Unterabteilung Motivation.

Produktivität und Kreativität

Ein Programm zur Arbeitsbereicherung setzt den Erfindungsgeist frei, zugleich kann es jedoch zusätzliche Fehlerquellen eröffnen. Kreatives Arbeiten schließt immer auch die Möglichkeit von Fehlern ein. Die Vorteile der Kreativität überwiegen dabei jedoch sicherlich die Kosten für solche Fehler.

Aber gleichzeitig werden Fehler nicht von den Kunden toleriert und müssen darum vermieden werden. Eine Möglichkeit zur Lösung dieses Problem ist es, eine niedrigere Hierarchieebene mit der Qualitätskontrolle zu betrauen und so zugleich deren Arbeitsbereich zu erweitern.

Praktische Erprobung

Herzbergs Vorstellungen von Job Enrichment wurden Mitte der sechziger Jahre bei der AT&T Telefon- und Telegrafen-Gesellschaft unter der Leitung von Robert N. Ford erprobt. Ziel war herauszufinden, ob Arbeitsbereicherung wirklich sowohl die Fluktuation von Arbeitskräften als auch das Fehlen vermindern, dabei die Leistungsfähigkeit steigern, die Qualität verbessern und insgesamt zu größerer Arbeitszufriedenheit führen würde.

Der erste Versuch fand in einem kleinen Schreibbüro statt. Man fand heraus, daß die Mehrzahl des Führungsnachwuchses die Firma wieder verließ, weil sie die Arbeit als unterhalb ihres geistigen Niveaus liegend empfanden. Die vorgeschlagene Lösung war, entweder weniger qualifizierte Bewerber einzustellen oder aber die Arbeitsanforderungen zu steigern. Die zweite Alternative wurde bevorzugt und es wurde entschieden, die Umstrukturierung der Arbeitsplätze mit Hilfe von Herzberg vorzunehmen.

Es wurden eine Reihe Schritte unternommen, die Arbeit anspruchsvoller zu gestalten und mit mehr Verantwortung zu versehen. Zum Beispiel mußten neue Mitarbeiter vom ersten Tag ihrer Arbeit an die eigenen Briefe auch selbst unterschreiben. Dadurch wurde der Umfang der Dienstaufsicht vermindert und jeder wurde selbst verantwortlich gemacht für die Sorgfalt und Qualität seiner Arbeit. Die Vorgesetzten hatten wesentlich weniger Gespräche über das Thema Arbeitsleistung zu führen. Es konnte davon ausgegangen werden, daß sich die Belegschaft der Notwendigkeit höherer Produktivität bewußt war. Die Ergebnisse waren sehr vielversprechend.

Die Fluktuation ging wesentlich zurück. Fernbleiben vom Arbeitsplatz, was ein Hauptproblem gewesen war, nahm ab und die Qualität der Arbeit konnte verbessert werden.

Vor allem war eine bemerkenswerte Steigerung der Zufriedenheit am Arbeitsplatz feststellbar. Vielleicht war aber das herausragendste Ergebnis, daß die Gruppe eine neue Perspektive in Hinsicht auf die Arbeit entwickelt hatte. Man dachte jetzt mehr im Sinne von besserer Arbeit als von besseren sozialen Leistungen.

Der Versuch wurde dann ausgeweitet auf die zweihundert Manager und neunhundert Mitarbeiter, die zur Abteilung gehörten, in der das Originalexperiment unternommen worden war. Er brachte eindrucksvolle Resultate. Die Fluktuation ging um 27 Prozent zurück, was bei den Einstellungs- und Ausbildungskosten eine Einsparung von 245.000 Dollar bedeutete.

Schlußfolgerung

Zur Zeit sind die Personalabteilungen vielfach mit rechtlichen Problemen ausgelastet – wie man zum Beispiel Streiks und Arbeitsniederlegungen vermeidet. Das wirkliche Problem aber ist, wie man Menschen fördern und die Arbeit so umgestalten kann, daß sie die beabsichtigte Entwicklung erleichtert. Hauptaufgabe ist die Entwicklung der menschlichen Talente und Kräfte. Dauerhafter Arbeitsfrieden ist nur auf diese Weise zu erreichen.

21. Verschiedene Typen von Menschen und Managern

Formelle und informelle Gesellschaften

Das Organigramm vermittelt eine klare Vorstellung über die Struktur einer Firma. Es zeigt die Befehlskette und die Hierarchie. Es basiert auf klar umrissener Eingruppierung des Personals in verschiedene Kategorien: Spitzenmanagement, mittleres Management, Aufsichtspersonal (Meister plus Vorarbeiter) und Arbeiter/Angestellte. Die Führungsrichtlinien zeigen Pflichten und Verantwortlichkeiten der Belegschaft auf und enthalten Anweisungen, die die Arbeitsabläufe im einzelnen festlegen.

Aber Seite an Seite mit dieser formellen Organisationsstruktur entsteht zunehmend auch eine informelle mit einer Reihe ungeschriebener Regeln und Normen. Die formelle Organisation ist wie die kleine Spitze eines Eisbergs, der über der Wasseroberfläche gesehen wird, während die informelle dem Teil des Eisbergs entspricht, der unter Wasser liegt. Er ist zwar unsichtbar, aber massiv und trügerisch. Die informelle Organisation ist also genauso wichtig wie die formelle.

Lassen Sie uns eine kleine Abteilung in einer Fabrik mit, sagen wir, zwölf Arbeitern und einem Vorarbeiter betrachten. Das Handbuch schreibt bestimmte Arbeitsnormen und gibt genaue Vorgaben für das fertiggestellte Produkt vor.

Aber auch die informelle Organisation gibt präzise ihre eigenen Arbeitsnormen an. Der Vorarbeiter hat offizielle Produktionsvorschriften. Die informelle Organisation hat ihre eigenen, unabhängigen Vorschriften. Falls irgendein Arbeiter versucht, die von der informellen Organisation festgelegten Normen zu durchbrechen, wird er wie ein Aussätziger behandelt. Offizielle Produktionsvorschriften sind häufig unkorrekt, daher ist die informelle Organisation maßgeblich an der Festlegung der Produktionsmenge und Aufrechterhaltung der Disziplin beteiligt.

Verschiedene Menschentypen

Es ist interessant, das Verhalten von Menschen zu beobachten: Einige wichtige Typen werden im folgenden beschrieben.

„Nein-Sager" Und „Ja-Sager"

In jedem Unternehmen muß es Leute geben, die entschlossen zu nachteiligen Forderungen, Vorschlägen und Plänen „nein" sagen. Jedoch neigen einige dazu, gewohnheitsmäßig jeden Vorschlag abzulehnen. Sie denken negativ und sind der Meinung, daß der Status Quo der bestmögliche Zustand sei. Andererseits gibt es auch Menschen, die optimistisch sind und fast vor Energie platzen. Sie würden alles Neue bereitwillig und ohne viel nachzudenken akzeptieren. Im großen und ganzen ist eine positive Einstellung einer negativen vorzuziehen. Aber selbstverständlich muß alles nach Lage der Dinge beraten und entschieden werden.

„Regeldurchsetzer", „Ausweicher" und „Scheuklappenträger"

Die Regeldurchsetzer glauben an die Unantastbarkeit von Vorschriften. Sie bestehen auf strikter Einhaltung der Regeln.

Dagegen versuchen die Ausweicher ständig, sie zu umgehen. Sie betrachten Vorschriften als unnötige Hindernisse und sind darum bemüht, Lücken in ihnen zu finden.

Die Scheuklappenträger nehmen Regeln stillschweigend hin. Sie sind der Auffassung, daß Regeln nicht immer anwendbar sind. Beispielsweise ist es in manchen Fabriken üblich, daß Arbeiter Material für den persönlichen Gebrauch mit nach Hause nehmen. Die Vorarbeiter wissen dies und sie sind sich darüber im klaren, daß es gegen die Vorschriften verstößt. Dennoch übersehen sie diese regelmäßigen Mausereien, sofern sie sich in Grenzen halten.

Ganz ohne Vorschriften funktioniert keine Organisation. Aber gleichzeitig können sehr strenge Regeln und Anordnungen die Arbeit behindern. Im Laufe der Zeit sind einige Vorschriften überholt und werden unnötig; manche müssen verändert und einige neu aufgestellt werden.

„Engagierte" und „Gleichgültige"

Wenn wir Menschen bei der Arbeit beobachten, bemerken wir, daß einige ihrer Arbeit wirklich zugetan sind. Sie messen ihr erhebliche Bedeutung zu und fühlen sich den Belangen der Firma verbunden. Sie leisten daher so viel sie nur können.

Andererseits zeigt der gleichgültige Mitarbeiter so viel Interesse wie nur gerade nötig an seiner Arbeit und betrachtet die verschiedenen Entwicklungen in seiner Firma aus der Distanz und ohne irgendein Gefühl der Verbundenheit. Natürlich ist er nicht sehr aktiv. Daraus folgt, daß ein Unternehmen, das eine große Zahl von Mitarbeitern beschäftigt, die sich wirklich einsetzen, dynamischer und aktiver sein wird.

Diese Unterscheidung ist auf der obersten Ebene noch wichtiger. Wenn das Management selbst sich nicht mit dem Unternehmen verbunden fühlt, fehlt es natürlich der gesamten Organisation an Energie und Unternehmensgeist. Daher sagt man, daß der Manager das kreative, lebensspendende Element in jedem Unternehmen sei. Sein Engagement für das Unternehmen muß so umfassend wie möglich sein.

„Beständige", „Abtrünnige" und „Isolierte"

Die Beständigen sind jene, die sich leicht mit anderen vertragen und wie die Gruppe denken und handeln. Die Abtrünnigen dagegen passen sich nicht ganz den Gruppennormen und Regeln an. Sie weichen zuweilen ab und handeln anders, aber diese Abweichung ist natürlich begrenzt. So sind die Abtrünnigen hin und wieder schlecht gelaunte Menschen.

Die Isolierten sind einsam innerhalb der Organisation. Sie haben sich völlig von der Gruppe abgesondert und denken und handeln unabhängig. Sie gehen ihre eigenen Wege und wenden ihre eigenen Methoden an.

Der Spitzenmann jeder Organisation ist ein Isolierter, ein einsamer Mensch. Er ist völlig allein und ohne Freunde. Es gibt viele schwierige Entscheidungen, die er auf sich allein gestellt fällen muß. Er kann wohl andere befragen, aber die endgültige Verantwortung liegt bei ihm, er muß die letzte Entscheidung treffen. Einige strategische Entscheidungen können weitreichende Auswirkungen auf die Entwicklung des Unternehmens haben. Die Zukunft bleibt ungewiß und diese Last kann ihm oder ihr unerträglich schwer werden.

„Neulinge" und „Alte Hasen"

In jedem Unternehmen werden zuweilen Menschen in den Ruhestand entlassen, und im gleichen Atemzug finden Neueinstellungen statt. Daher gibt es in jedem Unternehmen, das alt genug ist, immer einen Anteil Neulinge und einen Teil „Alte Hasen" in der Belegschaft. Diese beiden Gruppen entwickeln oft gegensätzliche Anschauungen. Sie denken und handeln unterschiedlich und auch ihre Interessen kollidieren.

Alte Hasen heben vielleicht die Bedeutung längerer Betriebszugehörigkeit, der Erfahrung und Loyalität hervor. Die Neulinge betonen dagegen besonders akademische Qualifikationen, Auszeichnungen und Kompetenz. Natürlich bevorzugen Alte Hasen die traditionellen Methoden, während Neulinge sich für Neuerungen einsetzen. Diese Art Konflikt ist begrenzt in jeder „Organisation" vorhanden, sogar in einer Familie.

„Aufsteiger" und „Kleber"

Ein Unternehmen benötigt beide Typen: Aufsteiger und Kleber. Auf den niedrigeren Ebenen jeder Firma gibt es sehr wenige Aufstiegsmöglichkeiten. Es handelt sich um Routinearbeit, die weder große Ausbildung noch Talent erfordert. Kleber werden bevorzugt mit diesen Jobs betraut, da ihr einziges Bestreben darin liegt, ihre Tätigkeit auf Dauer zu behalten. Sie sind zufrieden mit der Arbeit und streben auch keine Beförderung an.

Die Aufsteiger sind meist besser ausgebildet. Sie sind ehrgeiziger und ruhelos. Sie sehen sich beständig nach besseren Stellen, höherer Bezahlung und höherem Status um. Zwischen den Aufsteigern entstehen heftige Kämpfe um die Spitzenpositionen. Da greifen einige vielleicht auch zu unfairen Taktiken. Wenn ein Unternehmen jedoch richtig geführt wird, führen solche Methoden nicht zum Erfolg.

Die verschiedenen Typen sind kurz umrissen worden, um einen Einblick in das Funktionieren einer Firma zu vermitteln. Menschliches Verhalten ist außerordentlich vielschichtig und hat viele Facetten. Nur einige der wichtigsten konnten überhaupt beschrieben werden.

Managertypen

Auch Manager können auf unterschiedliche Art und Weise eingeteilt werden. Beispielsweise, wie ein Experte geschrieben hat, kann man sie als „Führende Persönlichkeiten" (generalist-gentlemen), „Führende Vermittler" (generalist-middlemen) und „Führende Integratoren" (generalist-integrators) bezeichnen.

Die Führenden Persönlichkeiten sind hervorragend ausgebildet. Sie demonstrieren unerschütterliche Loyalität gegenüber den Wertvorstellungen ihres Unternehmens und ihrer Kultur. Ihre Arbeitsweise kann als ausdauernd, ruhig und zuvorkommend beschrieben werden.

Die Führenden Vermittler sind praktischer veranlagt. Sie legen vor allem Wert auf den Weiterbestand und das Wachstum ihres Unternehmens. Auch verstehen sie die kniffligen Zusammenhänge der Organisationen besser und zeigen sich kompromißbereit.

Die Führenden Integratoren sind diplomatische Verwaltungsbeamte. Sie betrachten Probleme eines Unternehmens aus der Sicht des Unternehmens als Gesamtheit. Sie sind diejenigen, die an das Konzept der geschlossenen Einheit des Geschäftslebens glauben. Dies bedeutet, daß die Interessen der Arbeiter, Manager, Aktionäre und Firmenleitung integriert werden können. Natürlich erfordert das großen Weitblick.

„Gründer" und „Konsolidierer"

Aus der Geschichte wissen wir, daß einige Eroberer, wie Alexander, ihre Reiche ständig weiter ausdehnten. Ihre Nachfolger sahen sich mit der Aufgabe konfrontiert, die neu dazugewonnenen Gebiete fest an das Reich zu binden.

In ähnlicher Weise werden manche Unternehmer von dem überwältigenden Verlangen nach Wachstum und Expansion getrieben. Sie machen sich also energisch daran, ihre Träume zu verwirklichen und natürlich bleiben deshalb viele Dinge unerledigt liegen. Die nachfolgenden Manager müssen sich dann der Aufgabe der Konsolidierung stellen. Einigen kommen solche Aufgaben aufgrund ihres Temperaments durchaus entgegen. Man kann sie Konsolidierer nennen.

„Autokraten", „Demokraten" und „Laissez-faire-Manager"

Man kann Manager nach ihrem Führungsstil einteilen. Die Autokraten möchten die Firma beherrschen. Sie wollen, daß ihre Mitarbeiter ihre Anweisungen ohne Wenn und Aber ausführen. Sie wollen dabei niemanden zu Rate ziehen und sind nicht leicht zugänglich. Damit können sie zwar Gehorsam sicherstellen, aber keinen Enthusiasmus wecken.

Die Demokraten arbeiten gerne mit anderen zusammen, sie wollen Kooperation. Sie zielen darauf hin, Talente voll auszuschöpfen, nehmen daher auch bereitwillig Vorschläge entgegen und fördern freie und ehrliche Diskussionen. Dieser Führungsstil schafft größeren Freiraum für individuelle Entwicklung.

Deshalb arbeiten die Mitarbeiter mit mehr Hingabe und Enthusiasmus und dies führt zu höherer Produktivität.

Die Laissez-faire-Manager haben keine fest umrissene Methode, nach der sie das Unternehmen führen. Möglicherweise leidet die Firma dann unter dem Mangel an richtiger Führung.

„Angeber" und „Fundamentalisten"

Die Angeber blasen ständig in ihr eigenes Horn. Sie suchen unentwegt nach Macht, Ansehen und Publicity, wobei Ihnen zur Erreichung dieses Ziels jedes Mittel recht ist. Sie sind im wesentlichen eigennützig und kurzsichtig.

Die Fundamentalisten erwarten nicht sofort Applaus und Anerkennung, weil für sie Prinzipien wichtiger sind. Sie arbeiten mit Entschlossenheit auf bestimmte Ziele hin. Da sie wenig und mit großer Zurückhaltung sprechen, werden sie natürlich oft unterschätzt.

22. Führen: Fördern und Lenken

Sich ändernde Vorstellungen

Die Vorstellungen von Unternehmensführung ändern sich. Noch immer glauben viele Leute, daß eine Führungskraft eine aggressive Persönlichkeit sein muß. Sic müsse ein beherrschender Typ sein, von den Arbeitnehmern gefürchtet werden und dürfe keine Widersprüche hinnehmen. Sie solle kurz angebunden und schnell entschlossen sein. Inzwischen weiß man, daß der Erfolg dieses Führungsstils kurzlebig ist. Aufrichtigkeit ist wirkungsvoller als Aggressivität und Verständnis effektiver als Herrschsucht.

Quelle der Autorität

Wichtig ist, den Ursprung der Führungsautorität zu kennen, denn sie ist nicht „gottgegeben". Die Führungskraft muß ihre eigene Autorität aufbauen, die in erster Linie von ihren eigenen, ihr untergeordneten Mitarbeitern stammt.

Ein neuer Manager, von dem man wußte, daß er sich nicht in seine Kompetenzen hineinreden ließ, übernahm eine große Fabrik. Gleich am ersten Tag ließ er den Arbeitnehmervertreter zu sich kommen und machte ihm unverblümt klar, er werde gemäß seiner Eigenart die Fabrik unabhängig und ohne häufiges Hinzuziehen der Gewerkschaftsvertreter „in Gang" halten.

Der Arbeitervertreter sagte: „Gut Chef, das ist prima, um so weniger Arbeit für uns." Danach hob er nur seine Hand und das gesamte Bedienungspersonal stoppte die Maschinen. Er drehte sich zum Manager um und sagte: „Chef, nun können Sie auch diese Maschinen selbst in Gang halten."

Dieser Vorfall zeigt sehr deutlich, daß der Manager letztlich von den Mitarbeitern abhängig ist. Er ist so lange Manager, wie seine Mitarbeiter ihn als Autorität betrachten, ihn achten und seinen Anweisungen folgen. Im selben Moment, wo sie sich entscheiden, seinen Anweisungen nicht länger Folge zu leisten, hat er seine Autorität verloren.

Die Quelle der Autorität des Managers liegt in den Herzen seiner Leute. Er ist solange Führungskraft, solange er von ihnen respektiert wird.

Autorität muß jeden Tag neu erarbeitet werden

Führungsautorität muß täglich neu erworben werden. Darum muß der Manager mit aller Kraft und systematisch daran arbeiten, die Anerkennung seiner Leute zu gewinnen und zu behalten. Sollte er sich unberechenbar und verantwortungslos verhalten, so könnte dies seine Autorität endgültig zerstören.

Darum hängt die Führungsautorität des jeweiligen Managers von seinem Wissen, von seiner Hingabe, seinen Erfahrungen und von seiner Rechtschaffenheit ab. Eine Führungskraft, die in allen Angelegenheiten der Firma stets auf dem laufenden ist, stärkt damit ihre eigene Autorität.

Wie man Macht gewinnt

Es gibt zwei Wege, Macht zu erwerben. Eine Art von Macht oder Autorität ist durch Zwang zu erreichen. Der Vorgesetzte zwingt seine Leute, schüchtert sie ein, versucht, sie zu beherrschen. Als Reaktion darauf widersetzen sie sich ihm und sind offen oder insgeheim ungehorsam. Da das erheblichen Konfliktstoff und Reibungen bei den Arbeitsabläufen im Unternehmen ergibt, wird viel Kraft vergeudet. Zugleich werden auch organisatorische Aufgaben im Kampf um die Macht vernachlässigt.

Die andere Art Macht oder Autorität beruht auf gegenseitigem Verstehen und auf Zusammenarbeit. Der Vorgesetzte versucht nicht etwa, die Menschen zu beherrschen und er will sie auch nicht kontrollieren. Er möchte die Zusammenarbeit fördern, um die Unternehmensziele zu erreichen. Darum vertraut er ihnen und ermutigt sie, und sie arbeiten dafür aus freien Stücken. Es ist dann auch überflüssig, ihre Arbeit streng zu überwachen. Zusammenarbeit führt zu größerer Effizienz und Kreativität im Unternehmen.

Führungsaufgaben

Die Funktionen einer Führungskraft kann man am besten anhand von vier Organisationsprinzipien verstehen:

- Begeisterung wecken
- Interaktion fördern
- Integrieren
- Verdeutlichen von Entwicklungen

Begeisterung wecken

Eine Führungskraft muß in der Lage sein, Begeisterung für die Aufgaben des Unternehmens zu wecken. Die Mitarbeiter müssen fühlen, daß ihre Aufgaben Bedeutung haben, daß sie echtes Interesse an ihrer Arbeit haben müssen. Sie sollen sich glücklich und stolz fühlen, wenn sie ihr Bestes geben. Sie müssen das Bedürfnis haben, das Ansehen und die Zuneigung ihrer Vorgesetzten zu gewinnen. Sie müssen sich danach sehnen, Anerkennung und Bewunderung für ihre Arbeit zu bekommen.

Solch ein Klima der Begeisterung zu wecken, ist oberstes Ziel der Unternehmensführung.

Interaktion fördern

In einem Unternehmen arbeitet eine große Anzahl von Leuten zusammen. Ihre Entscheidungen und Tätigkeiten beeinflussen sich ständig gegenseitig und nicht selten können sie auch im Widerspruch zueinander stehen. Nun ist es erneut Aufgabe der Unternehmensleitung, das Wesen dieser Wechselwirkung zu verstehen und gegebenenfalls helfend einzugreifen. Das erforderliche Einwirken hängt vom richtigen Verständnis der Eigenart der verschiedenen Tätigkeiten, ihrer Beziehung zueinander und ihrer Funktion ab.

Integrieren

Integrieren bedeutet, aus einer Vielzahl verschiedener Tätigkeiten ein Ganzes zusammenzusetzen. Viele tausend Einzelteile ergeben, wenn sie richtig zusammengefügt sind, eine wunderbare Maschine. In einem Konzert können eine große Zahl Musiker zusammen sein, aber es ist der Dirigent, der ein harmonisches Ganzes aus der verwirrenden Vielfalt verfügbarer Töne ersinnt und hervorbringt. Er verbindet sie alle melodisch miteinander. Er stellt die richtige Reihenfolge und ihr rhythmisches Zusammenspiel zum richtigen Zeitpunkt sicher. Auf diese Weise vereinigt er alles. Die Führungskraft hat deshalb ein Team zu schaffen, das kraftvoll, erfolgreich, harmonisch und verläßlich zusammenarbeitet.

Verdeutlichen von Entwicklungen

Dies bezieht sich auf das dynamische Wesen des Managements. Ein gutes Unternehmen ist niemals statisch, denn es existiert in einer sich ständig verändernden Welt. Märkte wandeln sich und die Technologie entwickelt sich weiter. Währenddessen unterliegen auch Einstellungen und Erwartungen der Menschen feinen Veränderungen. Die Unternehmensleitung muß die Bedeutung all dieser Veränderungen verstehen und wissen, wie man mit ihnen richtig umgeht. Geschäftskontakte sind zuweilen unstabil, und die Führungsperson muß die Gabe besitzen, sich auch diesen Unsicherheiten stellen zu können.

Menschen verstehen

Die Führungskraft muß gute Menschenkenntnis besitzen, und das ist eine äußerst schwierige und heikle Aufgabe. Äußere Erscheinungen sind bekanntlich trügerisch und Menschen verändern sich fortlaufend. Es gibt keine Garantie, daß ein ehrlicher Mensch für immer aufrichtig bleiben wird. Es gibt viele verschiedenartige Versuchungen: Sie reichen von Geld über Macht bis zur Schmeichelei. Ein Vorgesetzter darf seinen Leuten nicht mißtrauen, aber er muß ständig auf der Hut sein. Ein Urteil über Menschen zu fällen ist äußerst schwierig und sollte stets mit Umsicht geschehen.

Urteilsfähigkeit

Eine Führungspersönlichkeit muß eine solide Urteilskraft besitzen und dazu die Fähigkeit haben, ausgewogene und angemessene Entscheidungen zu treffen. Es kann jemand gut ausgebildet sein und es kann ihm doch an Urteilsvermögen fehlen. Dies hängt von verschiedenen Faktoren ab, wie dem Verantwortungsgefühl, weiterhin von der Fähigkeit, das Wesentliche vom Unwesentlichen zu trennen, der Fähigkeit zur Objektivität und der Entschlossenheit, die bestmögliche Entscheidung zu fällen sowie auch von der Fähigkeit, eine Vielzahl von Gesichtspunkten abzuwägen und ihrer Bedeutung nach einzuordnen. Man kann nur über eine Reihe von Jahren hinweg abschätzen, ob jemand eine solide Urteilskraft besitzt. Dies wird ausführlicher im nächsten Kapitel behandelt.

Rechtschaffenheit und Mut

Eine gute Führungskraft wird immer durch bestimmte Wertvorstellungen und Grundsätze geleitet. Sie wird diese Grundsätze nie opfern. Wenn es nötig ist, gibt sie eher ihre Führungsstellung auf, um ihre Rechtschaffenheit und ihre Grundsätze zu erhalten.

Es gibt keine wirkliche Führerschaft ohne Rechtschaffenheit. Eine gute Führungskraft ist ein Mensch mit Grundsätzen. Sie ist aufrichtig und gerade heraus. Sie verabscheut Vetternwirtschaft und haßt Manipulationen. Eine unaufrichtige Person, mag sie noch so begabt sein, wird das Unternehmen zerstören. Wie Peter Drucker gesagt hat: „Bäume sterben von der Spitze her". Genauso ist es bei einem Unternehmen. Viele Menschen haben sich und ihre Firma durch fehlende Rechtschaffenheit zerstört.

23. Warum Urteilsvermögen von entscheidender Bedeutung ist

Die Bedeutung der Urteilskraft

Dr. Elliott Jaques hat in Untersuchungen bewiesen, daß Urteilskraft für die Bewältigung jeder Aufgabe notwendig ist, sowohl für die einfachsten als auch für die komplizierten.

Sogar ein Straßenkehrer legt gesunden Menschenverstand bei seiner Arbeit an den Tag. Wenn er beispielsweise entscheidet, daß der alte Besen weggeworfen werden sollte, verläßt er sich auf sein Urteilsvermögen. Unternehmer und Manager haben unzählige Dinge zu entscheiden. Einige davon mögen einfach und andere schwierig sein, aber immer nutzen sie ihre Urteilskraft.

Die Qualität des Urteilsvermögens ist zugleich ein Maßstab für die Fähigkeiten eines Managers. Urteilskraft als Vermögen kann aber nicht weiter analysiert und erklärt werden. Man kann zwar behaupten, das Urteilsvermögen von Manager A sei besser als das von Manager B, aber dieses Urteil kann erst nach einer Überprüfung ihrer Entscheidungen über längere Zeit hinweg gefällt werden. Ein Urteil, Knall auf Fall gefällt und auf einen einzigen Hinweis gestützt, kann einfach nicht durchdacht sein. Ebenso kann man nicht bei einem Fußballspiel das Leistungsniveau eines Spielers erkennen, wenn man ihn nur kurz beobachtet hat.

Ob eine Entscheidung gut oder schlecht ist, hängt also vom Urteilsvermögen ab. Die Kunst des Managements ist im Grunde die Kunst, richtige Urteile zu fällen.

Aspekte des Urteilsvermögens

Urteilsvermögen hat viele Aspekte. Einige Manager mögen gut darin sein, Lösungen für zwischenmenschliche Probleme zu finden. Andere können eher in Finanzangelegenheiten und wieder andere in ästhetischen Dingen qualifizierte Urteile abgeben. Urteilsvermögen kann grob in Beurteilung anhand der Tatsachen, anhand von Wertvorstellungen und anhand der Beurteilung von Tätigkeiten klassifiziert werden.

Einschätzung der Realität

Der Manager steht jeden Tag neuen Situationen gegenüber. Der Markt verändert sich, und das Betriebsklima ändert sich ebenso. Daher muß der Manager die sich verändernde Lage realistisch einschätzen.

Aber das ist leichter gesagt als getan. Nicht einmal detaillierte Berichte über die Ausführung eines schwierigen Vorhabens vermitteln ein objektives und genaues Bild. Sie sind vom Standpunkt und von den Vorstellungen dessen gefärbt, der sie geschrieben hat, und der vielleicht wiederum auf Informationen von anderen angewiesen war. Wie Peter Drucker gesagt hat: „Es gibt keine Tatsachen, sondern nur Ansichten."

Die folgende Passage aus Tolstois berühmtem Roman „Krieg und Frieden" verdeutlicht dies:

Napoleons eigene Adjutanten und die Ordonnanz seiner Marschälle galoppierten immer wieder vom Schlachtfeld zu ihm, um Bericht zu erstatten. Dennoch erwiesen sich alle diese Meldungen als falsch, erstens, weil es unmöglich war festzustellen, was in jedem einzelnen Augenblick passierte, und zweitens, weil viele der Adjutanten nicht zum eigentlichen Kriegsschauplatz ritten, sondern berichteten, was sie von anderen gehört hatten. Während ein Adjutant die paar Wersts (ungefähr 1 km) zu Napoleon zurücklegte, änderten sich die Verhältnisse, und die Neuigkeiten, die er überbrachte, waren schon wieder falsch. Napoleon gab auf der

Basis dieser unzuverlässigen Berichte seine Befehle. Die waren bereits ausgeführt worden, bevor er sie gegeben hatte, oder sie konnten gar nicht befolgt werden oder wurden einfach nicht ausgeführt ...

Wertvorstellungen

Wertvorstellungen sind abhängig von ethischen Normen, die in einem Unternehmen gelten. Beispielsweise existiert bei IBM die Regel, daß Verkäufer nicht versuchen, ihren Konkurrenten einen Auftrag vor der Nase wegzuschnappen. Man kritisiert keine Produkte der Konkurrenz und Kunden werden nicht bestochen, um sich Aufträge zu beschaffen. Analog dazu werden auch Unternehmer und Manager Aufrichtigkeit zu schätzen wissen. Sie lehnen Manipulation und Täuschung strikt ab. Auch geschmacklose Werbung mißfällt ihnen und wird als unpassend zurückgewiesen.

Beurteilung der Vorgehensweise

Auch hier gibt es mehrere Gruppen. Der Manager muß richtig entscheiden, was durchführbar und geeignet ist. Er muß seine Vorgehensweise zeitlich genau abstimmen. Er muß wissen, wie man plant, die Pläne umsetzt, wie man die Finanzierung sichert und wie man Transaktionen kontrolliert und leitet. Und all dies hängt von seinem Urteilsvermögen ab.

Genaue Analyse

Jede einzelne Managemententscheidung beruht letztlich auf Urteilsvermögen. Lassen Sie uns dazu ein paar Erläuterungen geben.

Budgetentscheidungen

Diese haben drei Aspekte:

Wie gleicht man das Budget aus? Wie garantiert man die optimale Nutzung der Geldmittel? Wie verteilt man die Gelder?

Man könnte sie im einzelnen „Bilanzentscheidung", „Produktivitätsentscheidung" und „Allokationsentscheidung" nennen.

Nehmen wir ein einfaches Beispiel. Stellen Sie sich vor, eine Firma rechnet mit Einnahmen von 30 Millionen DM. Durch sie wird vielleicht ein ausgewogenes Budget geschaffen. Die Firma muß sich kein Kapital leihen, braucht aber auch keine Einsparungen vorzunehmen. Nun gewährleistet der ausgeglichene Etat unter Umständen nicht die volle Ausnutzung der Werksanlagen und des Maschinenparks, so daß beschlossen wird, die Tätigkeiten mit Hilfe von Bankdarlehen auszudehnen. Dies könnte man eine Produktivitätsentscheidung nennen. Die nächste Aufgabe, die in Angriff genommen wird, ist die Verteilung der Gelder für unterschiedliche Zwecke – für Löhne und Gehälter, Ausbildung, Forschung, Rohstoffe und anderes. Hier wird eine Allokationsentscheidung verlangt. Es existiert keine mathematische Formel mit deren Hilfe man solche Zuteilungen festlegen könnte.

Beurteilung von Menschen

Diese Entscheidungen sind sehr wichtig, und niemand hat ein Patentrezept, wie dabei verfahren werden soll. In dieser Hinsicht haben sogar äußerst fähige Manager versagt.

Es hat sich herausgestellt, daß viele Manager einfach blind gegenüber Menschen sind – sie verstehen andere Menschen nicht. Sie verlassen sich auf oberflächliche Eindrücke und begehen daher Fehler.

So sollte zum Beispiel folgende Regel beherzigt werden: Die Entscheidungen, die jemand über Jahre hinweg getroffen hat, kritisch überprüfen! Dieser Rückblick wird offenbaren, ob er flüchtig arbeitet, Prinzipien hat, ob er Menschen und Situationen richtig beurteilen kann, ob er zu ganz neuen Entscheidungen fähig ist, ob er Weitsicht gezeigt hat und auch, ob er Integrität besitzt.

Urteilskraft hängt von verschiedenen Faktoren ab

Ein Manager muß drei verschiedene Informationsarten berücksichtigen:

Genaue Informationen, wie beispielsweise solche über Bankguthaben, Rohmaterialbestand und geltende Marktpreise. Dagegen können zum Beispiel keine genauen Informationen vorhanden sein über Arbeitgeber-Arbeitnehmer-Beziehungen und die Arbeitsmoral der Beschäftigten. Drittens gibt es auch reine Spekulationen, so bleibt beispielsweise die Zukunft ungewiß, man kann bestenfalls angemessene Vermutungen über sie anstellen.

Der erfolgreiche Manager entwickelt die Fähigkeit, immer mehrere Faktoren zu betrachten. Er stellt viele Überlegungen an – einige davon vielleicht logisch und andere, nicht-rationale, bevor er ein Urteil fällt.

Es geschieht sehr häufig, daß es einem besonders gebildeten Menschen an Urteilsvermögen fehlt. Professor Laski war beispielsweise ein berühmter Wissenschaftler, dem es aber an praktischer Urteilskraft fehlte. Wohingegen Attlee, ein Gelehrter ohne vergleichbare Erfolge, über ein gesundes Urteilsvermögen verfügte.

Kreative Beurteilung

Es ist klar zu erkennen, daß manche Führungskräfte in ihren Entscheidungen origineller, kreativer und Neuem zugeneigter sind als andere. Dies ist größtenteils eine Frage der Phantasie. Ein Unternehmen kann nicht ausschließlich auf der Basis genauer, langfristiger Planung erfolgreich sein. Entscheidend ist auch, die sich bietende Gelegenheit beim Schopf zu ergreifen. Wichtige Siege sind auf diese Art errungen worden.

Die Urteilskraft kann geschärft werden

Es ist für den Unternehmer und den Manager durchaus möglich, ihre Urteilskraft zu schärfen. Dies erfordert, daß sie sich seiner Tätigkeit ganz widmen, eine systematische Arbeitsmethode entwickelt, sich selbst immer wieder überpüfen und den Willen haben zu lernen. Urteilsfähigkeit setzt ein breites Interessensgebiet, große Belesenheit, kreatives Denken und realistisches Handeln voraus.

24. Was einen Manager erfolgreich macht

Die Rolle des Managers

Wie Peter Drucker sagte, ist der Manager das treibende, lebenspendende Element des Unternehmens. Seine Aufgabe ist es, alle Anstrengungen zu koordinieren, Initiative und Unternehmensgeist zu fördern, die Fähigkeiten jedes einzelnen zu nutzen und ein dynamisches, der Sache verschriebenes Team zu bilden, das wie eine Einheit funktioniert. Er sollte mit taktvollem und feinfühligem Wahrnehmungsvermögen ausgestattet sein, um die sich verändernden Umstände im Unternehmen zu verstehen. Er sollte Kenntnisse, Vorstellungskraft, Einsicht und vorausschauendes Denken mitbringen und Mut und Zuverlässigkeit besitzen.

Drei grundlegende Fähigkeiten

Der Manager legt als erstes Ziele fest und danach lenkt er die Tätigkeiten seiner Leute auf das Erreichen dieser Ziele hin. Sein Erfolg hängt in erster Linie von seinem Können auf drei entscheidenden Gebieten ab: Marketing, Technik und Menschenkenntnis. Zusätzlich muß er zu abstraktem Denken in der Lage sein.

Ein Unternehmen lebt durch seine Kunden.

Gibt es keine Kunden, wird das Geschäft automatisch aufhören zu existieren. Grundlegende Funktion eines Unternehmens ist es, den Wunsch nach Konsum zu erzeugen und ihn zu stillen. Daher muß der Manager einen sehr guten Einblick in die Probleme des Marketing haben. Es ist die Grundlage, auf der ein Unternehmen aufgebaut ist.

Der Manager muß aber auch auf weitem Feld mit der Technologie seiner Branche vertraut sein. Er muß darum nicht selbst ein Technologe sein, aber er sollte den Spielraum und die Grenzen verschiedener Maschinen und Produktionsverfahren verstehen. Er sollte hinsichtlich neuer technologischer Entwicklungen auf dem laufenden sein und ihre Bedeutung für sein Unternehmen verstehen. Der Manager muß mit Menschen zusammenarbeiten können. Er muß ihre Gefühle verstehen und muß in der Lage sein, Begeisterung für die Arbeit zu wecken. Er muß die besonderen Fähigkeiten und die Grenzen der Menschen, die unter ihm arbeiten, kennen.

Menschliche Beweggründe sind verzwickt; mit dem Anwachsen der Gewerkschaften haben sich diese komplizierten Verhältnisse noch enorm erhöht. Der Manager muß die verschiedenen Gesichtspunkte der Beziehungen zwischen Tarifpartnern durchschauen und in der Lage sein, eine gute Zusammenarbeit mit den Gewerkschaften zu gewährleisten.

Der Manager muß die Fähigkeit zum abstrakten Denken haben. Er muß wissen, wie die Dinge miteinander in Wechselbeziehungen stehen. Wenn zum Beispiel die Löhne und Gehälter steigen, werden auch die Produktionskosten höher. Das kann weniger Gewinn und Dividenden bedeuten, aber auch unzureichende Mittel für Neuerungen, Ersatz für Betriebsmaterial (Maschinen) und die Ausbildung. Andererseits kann der Absatz zurückgehen, wenn die Preise steigen. Kurz gesagt, die Fähigkeit zu abstraktem Denken ist das Verständnis der sich ständig ändernden Zusammenhänge in den geschäftlichen Aktivitäten als Ganzes.

Zeitmanagement

Die wertvollste Quelle des Managers sind seine Zeit und seine Kraft. Ein guter Manager schenkt darum dem Einsatz seiner Zeit volle Aufmerksamkeit und verfügt bewußt über sie. Zu diesem

Zweck muß er seine Arbeit sehr exakt planen und die richtigen Prioritäten setzen. Das Wichtigste muß an erster Stelle stehen und es muß genügend Zeit für solche bestehenden Aufgaben zur Verfügung gestellt werden. Eine lebenswichtige Angelegenheit kann nicht in Eile durchgepeitscht werden, sie braucht ihre Zeit. Analog dazu ist auch das Stückeln der Zeit nicht sinnvoll.

Wenn ein wichtiger Bericht fertiggestellt werden muß, sollte man normalerweise (zumindest) zwei Stunden lang durcharbeiten. Nur 15 Minuten oder aber 12 Stunden am Tag zu arbeiten ist unrentabel.

Der Manager muß auch stets seine eigene Konzentrationsspanne im Auge behalten, genauso wie auch die der anderen. Wenn eine Sitzung übermäßig ausgedehnt wird, ruft sie bloß noch Langeweile hervor und tötet jedes Interesse am Thema.

Der erfolgreiche Manager analysiert, wie er seine Zeit nutzt. Oft wird sie vergeudet, weil die Arbeit nicht gut geplant ist. Sie kann aber auch auf manch andere Weise verschwendet werden, indem man etwa an zu vielen Besprechungen teilnimmt, unnötige soziale Aufgaben übernimmt oder zu lange mit zufälligen Besuchern spricht. Der leistungsfähige Manager überarbeitet sich aber niemals bis zur Erschöpfung. Er spannt auch in angemessenem Umfang aus und ist sich darüber im klaren, daß es gefährlich ist, wichtige Entscheidungen zu treffen, wenn man erschöpft ist.

Konzentration

Der leistungsfähige Manager übt die Kunst der Konzentration. Sein Denken ist nur auf jeweils ein Problem gerichtet. Das erleichtert die schnelle Erledigung der Arbeit. Zugleich erlaubt es ihm, das Problem eingehend zu durchdenken. Einige Führungskräfte erledigen ihre wichtigsten Arbeiten zu Hause, wo sie nicht gestört werden.

Der erfolgreiche Manager arbeitet mit Entschlossenheit. Clement Attlee, der frühere Premierminister des United Kingdom, pflegte jeden Abend nach dem Essen an seinen Arbeitsplatz im Kabinett zu gehen.

Er zündete seine Pfeife an und fuhr fort, an den vielen Akten zu arbeiten, die ihm zur Entscheidung vorgelegt worden waren. Sein Motto war, daß die Arbeit des Tages auch am selben Tag gemacht werden muß. Er beendete seine umfangreiche Arbeit, gab in klarer Form ein paar letzte Anweisungen und zog sich dann ins Bett zurück. Seine Konzentrationsfähigkeit war perfekt und sein Urteilsvermögen klar und bemerkenswert schnell.

Ziele

Leistungsfähige Unternehmer und Manager legen ihre Ziele sehr genau fest. Sie überprüfen sie auch regelmäßig, weil sie in unserer schnellebigen Zeit regelmäßiger Anpassungen bedürfen. Ein lebendiges Unternehmen muß empfindlich sowohl auf die veränderten Bedingungen des Marktes als auch auf die technischen, sozialen und politischen Entwicklungen reagieren.

Ein Unternehmen kann nicht durch das alleinige Ziel der Gewinnmaximierung geleitet sein. Die Stärke jedes Unternehmens hängt von der Breite seiner Ziele und der genauen Abstimmung zwischen ihnen ab. Es ist notwendig, entgegengesetzte Forderungen der Verbraucher, Anteilseigner und Mitarbeiter in angemessener Form aufeinander abzustimmen.

Delegation

Erfolgreiche Unternehmer und Manager delegieren vernünftig. Delegation dient verschiedenen Zwecken. In erster Linie ist sie die beste Möglichkeit, sich die Fähigkeiten der unterstellten Mitarbeiter voll nutzbar zu machen. In zweiter Linie entwickeln sich unterstellte Mitarbeiter dann am besten, wenn ihnen eine verantwortungsvolle Aufgabe gegeben wird. Es gibt keinen Ersatz für ein solches „Training on the Job."

Drittens kann der Manager dann seine Aufmerksamkeit auf die wichtigsten Aufgaben konzentrieren, mit denen nur er sich befassen kann. Ein erfolgreicher Manager wird darum nicht versuchen, Dinge selbst zu erledigen, die besser seinen Mitarbeitern überlassen bleiben sollten.

Humanvermögen

Die wirkliche Stärke einer Firma ist ihr Arbeitskräftepotential: die Kenntnisse, Vorstellungskraft, Erfahrungen, Aufrichtigkeit und das Engagement ihrer Mitarbeiter. Der gute Manager weiß das sehr wohl und versucht darum, die menschlichen Talente und Kräfte so gut wie möglich zu fördern.

Er sieht sich nicht selbst als Experten für alles und jedes. Statt dessen macht er sich in verschiedenen Bereichen die Dienste von Experten zunutze. Dabei wird er geleitet durch das Motto von Andrew Carnegie:

Hier ruht ein Mann, der wußte, wie man
für seine Aufgaben bessere Leute gewinnt
als sich selbst.

Kenntnisse und Vorstellungskraft

Der leistungsfähige Manager weiß, daß die Produktivität abhängig ist vom Gebrauch vorhandenen Wissens. Er weiß, daß Wissen ein vergängliches Wirtschaftsgut ist. Daher ist es eine der wichtigsten Aufgaben eines Unternehmens, alle Kenntnisse auf dem laufenden zu halten und zum Vorteile des Kunden und des eigenen Wohlstands einzusetzen. Forschung, Entwicklung und Ausbildung sind Aufgaben von größter Bedeutung. Sie müssen stets eng an die Erfordernisse des Marktes angepaßt werden.

Ähnlich erfordern es viele wichtige Entscheidungen, die eigene Vorstellungskraft einzusetzen. Marks und Spencer setzten das Ziel ihres Unternehmens neu fest als eine soziale Revolution. Sie entschieden, gut entworfene Kleidung anzufertigen und zu Preisen zu verkaufen, die für die unteren sozialen Klassen erschwinglich waren, um damit den Klassenunterschied der sich in der Kleidung ausdrückte, aufzuheben. Dies war eine großartige Entscheidung und eine sehr einfallsreiche dazu. Sie half nicht nur, den sichtbaren Klassenunterschied zu verringern, sie brachte auch der Firma großen Wohlstand.

Praktisches Vorgehen

Der gute Manager ist ganz und gar praktisch veranlagt. Er muß aber auch phantasiebegabt sein und zur gleichen Zeit realistisch. Der Poet sagt:

„Zwei Männer sehen durch die Zellengitter.
Einer sieht den Schlamm, der andere sieht die Sterne".

Der erfolgreiche Manager sieht beides, Schlamm und Sterne, zugleich. Er weiß, daß es viele Grenzen gibt; wirtschaftliche, soziale, menschliche und technische. Und zugleich nimmt er doch immer neue Chancen wahr.

Robert Owen war in seinen jungen Jahren ein vorausschauender, aber auch praktisch veranlagter Mann. Darum organisierte er die Stahlwerke von New Lanark in ungewöhnlicher Weise. Er wußte, wie man Arbeiter motiviert und wie man sie zur Mitwirkung gewinnen kann. Er war menschlich aufgeschlossen bei der Führung der Belegschaft, und er erreichte auch geschäftlichen Erfolg.

Versuche, Unmögliches zu erreichen

Der erfolgreiche Manager ist deshalb phantasiebegabt und doch sehr praktisch veranlagt. Aber das heißt nicht, daß er übervorsichtig ist und keine Risiken auf sich nimmt. Er nimmt jedoch nur wohlkalkulierte Risiken auf sich, versucht das scheinbar Unmögliche und fürchtet dabei nicht, zu versagen. Das ist der Grund, warum er das Unerreichbare möglich macht, das hebt einen Manager wirklich heraus.

Während des ersten Weltkriegs war Großbritannien am Rande einer Niederlage aufgrund der verheerenden Wirkung deutscher Unterseeboote. Zwanzig Prozent der Schiffe fielen den U-Booten zum Opfer, und die Britische Admiralität hatte dieser Bedrohung nichts entgegenzusetzen.

Premierminister Lloyd George aber hatte eine Lösung – das Konvoisystem, das die Marineexperten zunächst aber als unpraktisch verwarfen.

Lloyd George wies die Einwände der Experten zurück und ordnete die sofortige Anwendung des Konvoisystems an, eine scheinbar unmögliche Aufgabe, die sich dann aber als großer Erfolg herausstellte und Großbritannien vor der Niederlage rettete.

Tätigkeitsorientiertes Vorgehen

Der erfolgreiche Manager entscheidet nicht nur, sondern er handelt auch gezielt. Er setzt seine Entscheidungen in effektive Handlungen um. Das erfordert systematische Arbeit, Energie, Wachsamkeit und Entschlußkraft. Der leistungsfähige Manager leitet seine Stärke aus der konsequenten Verfolgung seines Plans ab. Taten spornen an.

Integrität

Der leistungsfähige Manager schätzt Grundsätze und Rechtschaffenheit über alles. Er bleibt seinen Wertvorstellungen und seinen Grundsätzen treu. Rechtschaffenheit gibt ihm Mut und Stärke. Er ist unbeirrt gerade heraus und ehrlich in seiner Handlungsweise. Das schafft Vertrauen im ganzen Unternehmen. Die Menschen

vertrauen ihm, seine Ehrlichkeit nimmt jeden Anflug von Mißtrauen und Verdachtsmomenten von der Firma. Sie wird ein sauberes Unternehmen ohne Intrigen, Boshaftigkeit und Groll, wo
alles schnell vorangeht und der Erfolg blüht. Arbeit wird in solchen Firmen zur Freude.

Management – Eine menschliche Disziplin

Der Manager errechnet Aufwand und Nutzen. Er mißt und zählt,
sammelt und benutzt statistische Informationen, behält aber immer die damit verbundenen Grenzen im Auge. Er sieht die Dinge
aus verschiedenen Blickwinkeln. Dabei ist ihm klar, daß vieles
nicht rein quantitativer, sondern qualitativer Natur ist. Man kann
nicht alles in Zahlen übersetzen.

Schließlich befaßt sich Management im Grunde mit menschlicher Motivation, menschlicher Tätigkeit und menschlichen Bedürfnissen. Lebensqualität und Leistungsqualität kann man nicht
mechanisch messen. Es ist eine Angelegenheit der gefühlsmäßigen Wahrnehmung und menschlicher Wertvorstellungen. Management bleibt eine menschliche Disziplin, in der menschliches
Urteilsvermögen die entscheidende Rolle spielt, trotz des Computers.

25. Wie man einen umfassenden Überblick gewinnt

Management ist keine exakte Wissenschaft

Management ist keine exakte Wissenschaft wie Physik oder Chemie. Das Gesetz der Schwerkraft in der Physik ist zum Beispiel nicht wandelbar, es ist allgemeingültig. Es gibt aber kaum vergleichbare Gesetzmäßigkeiten innerhalb des Managements.

Im Management können im Grunde nur Erfahrungen verallgemeinert werden. Dabei müssen diese Verallgemeinerungen nicht immer gelten. Der bekannte Begriff der Kontrollspanne zum Beispiel bedeutet, daß eine Person normalerweise die Arbeit von fünf oder sechs anderen beaufsichtigen kann. Ein mathematischer Beweis dieses Lehrsatzes liegt vor. Trotzdem kann man nicht von einer allumfassenden Gültigkeit dieses Lehrsatzes sprechen.

Bevor Dwight Eisenhower zum Präsidenten der Columbia Universität gewählt wurde, hatte diese die Dienste einer Unternehmensberatung in Anspruch genommen, um sich in Hinsicht auf die Reorganisation ihrer Verwaltung beraten zu lassen.

Die Berater fanden heraus, daß bis zu 132 Personen dem Universitätspräsidenten direkt unterstellt waren. Sie schlugen vor, daß dieser Kontrollbereich auf nur drei reduziert werden sollte. Eisenhower lehnte den Vorschlag ab und zog die frühere, größere Spanne vor.

Er sagte, er käme gerne mit so vielen seiner Mitarbeiter wie nur möglich zusammen, damit er sie anspornen, leiten und sie zu einer Gemeinschaft zusammenschweißen könne. Das sollte sein

Hauptbeitrag bei der Leitung der Universität werden und auf diese Weise hatte er auch in der Vergangenheit immer gearbeitet. Daher blieb der Bericht der Unternehmensberater, der 80.000 Dollar gekostet hatte, das teuerste und am wenigsten gelesene Buch, das die Universität je erworben hat.

Der angemessene Umfang an Kontrolle ist also abhängig von verschiedenen Faktoren, wie individueller Leistungsfähigkeit, Art der Arbeit und den organisatorischen Hilfsmitteln, die zur Verfügung stehen, wie zum Beispiel Sekretariatshilfe.

Belassen Sie es so einfach wie möglich

In den letzten Jahren sind viele hochentwickelte Managementtechniken, wie lineare Programmierung und Kosten-Nutzen-Analyse entwickelt worden. Viele davon sind hochgradig mathematisch. Der wahllose Gebrauch solcher Methoden kann aber sehr nachteilig sein.

Mathematische Berechnungen zum Beispiel können sehr irreführend sein. Sie sind unter Umständen ein Zerrbild der Wirklichkeit. In einem kürzlich veröffentlichten Artikel bezog sich Professor Theodore Levitt auf das Gutachten von 51 Entwicklern und Benutzern von Marketing-Modellen. Das Gutachten zeigt, daß ungeheure Uneinigkeit über den Nutzen dieser Modelle besteht. Levitts Vorschlag ist, daß die Managementmethoden so einfach wie möglich gehalten werden sollten.

Einige wichtige Gesichtspunkte sollten beachtet werden: Man muß bedenken, daß nicht immer alles Wichtige gemessen oder quantitativ bewertet werden kann. Es gibt nicht nur eine Maßeinheit für Rentabilität und Praktikabilität. Wie Peter Ducker gesagt hat: „Um etwas kennenzulernen, um etwas Wichtiges wirklich zu verstehen, muß man es von sechzehn verschiedenen Seiten betrachten."

Zum Beispiel zu sagen, daß die Aufnahmefähigkeit eines bestimmten Unternehmens für neue Ideen in den letzten drei Jahren um 7,5 Prozent zugenommen hat, ist eine Sache der Unmöglichkeit, weil es nämlich unmöglich ist, so etwas zu messen.

Jedes Modell wird auf der Basis gewisser Grundannahmen erstellt. Diese sind aber oft ungeprüft und willkürlich gesetzt. Die Resultate verändern sich, wenn die Grundannahmen geändert werden. Manchmal lassen die Voraussetzungen indirekt sogar schon erkennen, was doch erst bewiesen werden soll.

Ein allgemeiner Grundsatz ist, daß das Mittel dem Zweck angemessen sein soll. Das Skalpell eines Chirurgen muß keine Bürobriefe öffnen können. Professor Blackett, Begründer des „Operation-Research-Verfahrens", wollte die Systemanalyse auf solche Berechnungen beschränken, die auf der Rückseite eines Briefumschlages gemacht werden könnten. Mir scheint, dies ist ein sehr vernünftiger Vorschlag.

Die Kosten für solche Verfahren sind oft viel zu hoch. Eine große Aktiengesellschaft in den USA gibt im Jahr 350.000 Dollar aus, um ein Finanzplanungsmodell zu erstellen. Und trotzdem meinen die Planer dieses Modells, daß es zu einfach für den ihm zugedachten Zweck sei und sie wollen ein noch teureres, sorgfältiger ausgearbeitetes.

Der Versuchung, fortlaufend vollendetere Verfahren anzuwenden, sollte man widerstehen. Methoden und Techniken sollten so einfach wie möglich gehalten werden. Sehr wenige Führungskräfte können die Komplexität solch hochentwickelter Techniken begreifen. Die Möglichkeit, Fehler zu machen, steigt mit der Komplexität der Modelle und Methoden an. Sorgsame Berechnungen können viele ungerechtfertigte Annahmen verbergen. Das Hauptproblem kann im Dschungel der furchterregenden mathematischen Gleichungen versteckt bleiben.

Es sollte auch klar gesehen werden, daß da, wo grundsätzliche Managemententscheidungen im Spiel sind, Probleme des Urteilsvermögens auftauchen, bei denen Berechnungen nicht möglich sind. Wenn zum Beispiel das Planungsmodell dem Manager zeigt, daß eine bestimmte Geldanlage zweifellos die Höchstsumme einbringen wird, bleibt eigentlich nichts zu entscheiden übrig. Aber das Modell ist nicht unfehlbar, und der Manager muß erforschen, ob die vorliegenden Annahmen sich auch in Zukunft als richtig erweisen werden.

Der Computer

Auch der Computer muß mit Umsicht benutzt werden. Er ist in der Lage, eine ungeheure Menge an Informationen zu erstellen, was das Management unter Umständen auch verwirren kann.

Eine sehr große Verlagsanstalt in England stellte ihre Lagerkontrolle und ihr Buchführungssystem auf Computer um und handelte große Verluste ein, als dieser Rechner ausfiel und er die Forderungen aus Warenlieferungen und Leistungen hoffnungslos durcheinander warf.

Eine sehr bekannte Werft, die die prachtvolle „Queen Elizabeth II" gebaut hatte, stand plötzlich vor der Katastrophe der Zahlungsunfähigkeit. Der Vorstandsvorsitzende sagte, daß er völlig im dunkeln tappe, da die Rechnungen in den Computer eingegeben waren und es über sechs Wochen dauere, bis er verläßliche Informationen bekam.

Der Computer sollte als Gedächtnisstütze und als Rechenmaschine betrachtet werden. Seine Kapazität für beides, das Speichern von Daten und die Rechengeschwindigkeit, ist ungeheuer. Er sollte daher die Arbeit vereinfachen. Aber wenn er die Organisationsstruktur komplexer macht, ist das ein Zeichen dafür, daß er falsch eingesetzt wird.

Der Computer sollte das Management von der Last der Routinearbeiten befreien. Durch Computer sollte mehr Zeit für grundlegende Fragen der Zielsetzung und Unternehmenspolitik gewonnen werden.

In einer sich schnell ändernden Welt sind diese Fragen von entscheidender Wichtigkeit. Der Computer macht das, was ihm eingegeben und was ihm befohlen wird. Aber nur der Mensch allein kann schöpferisch nachdenken über Fragen, die die Gesellschaft, die Umwelt, Werte, zukünftige Chancen und Risiken betreffen.

Wissen: Der Schlüssel zum Erfolg

Die beste Art, eine Firma wirklich dynamisch und erfolgreich zu machen ist, den Bestand des Wissens zu erweitern. Die Informationsflut läßt jedoch jede Organisation, jedes Individuum laufend unwissender und überholter erscheinen. Deshalb ist es nötig herauszufinden, welche neuen Kenntnisse, die man in seinem Metier verwenden kann, entwickelt worden sind und wie man sie dann im Unternehmen weiter verbreiten kann. Gleichfalls muß man herausfinden, wie weit die Kenntnisse, die man erworben hat, für Unternehmensziele benutzt werden können.

In diesem Zusammenhang sind alle Kenntnisse zu sehen, die eine praktische Anwendung im Unternehmen finden.

Eine neue technologische Erfindung ist dabei genauso wichtig wie eine neue Methode der Preisbildung.

Es gibt viele alltägliche Tätigkeiten, die vereinfacht werden können. Zum Beispiel kann der richtige Gebrauch von Schmierölen das Ausfallen von Maschinen verhüten und ihre Lebensdauer verlängern. Eine systematische und regelmäßige Bestandsaufnahme über den aktuellen Kenntnisstand kann überall von großem Vorteil sein.

Die „Kopfarbeiter"

Produktivität hängt vom Wissen und seinen Anwendungsmöglichkeiten ab. Es kommt daher auf den Mitarbeiter an, der das Wissen in die Praxis umsetzt. Die Leistungsfähigkeit eines Flugzeuges ist zum Beispiel mehrere tausendmal größer als die eines Ochsenkarrens. Das Flugzeug ist das Endprodukt technischen, wissenschaftlichen und Ingenieurwissens. Der Pilot braucht, im Gegensatz zu einem Fuhrknecht, nur sehr wenig manuelle Arbeit zu verrichten.

Er ist ein „Kopfarbeiter". Die Motivation eines „Kopfarbeiters" ist ganz anders. Er ist in der Schlüsselposition eines jeden Unternehmens, und seine Bedürfnisse müssen klar verstanden werden. Der Kopfarbeiter sucht seine Kenntnisse und Fähigkeiten durch knifflige und herausfordernde Arbeit zu erweitern. Er braucht Freiheit und Selbstachtung.

Der Manager sollte die Heranbildung von „Kopfarbeitern" in seine Planung einbeziehen. Das erfordert eine besondere Einstellung: Einem dieser Geistesarbeiter zu sagen: „Kommen Sie jederzeit zu mir, wenn Sie Hilfe brauchen", wäre dabei das richtige Vorgehen.

Der Markt

Ein Unternehmen wird ins Leben gerufen, um die Bedürfnisse von Kunden zu befriedigen. Wenn es keine Kunden gibt, kann das Unternehmen nicht überleben. Deshalb müssen Unternehmer und Manager auf die sich ändernden Wünsche der Kunden sehr feinfühlig reagieren. Ihr Erfolg beruht auf der Fähigkeit, die zukünftigen Bedürfnisse der Gesamtgesellschaft vorauszusehen und ihr Unternehmen dementsprechend anzupassen. Das Unternehmen muß neue Produkte entwickeln, die gegenwärtigen verbessern und auch die unnötigen abstoßen, um auf dem laufenden zu bleiben und sich weiterzuentwickeln.

Zwei der größten Trugschlüsse

Peter Drucker hat uns vor zwei hauptsächlichen Irrtümern gewarnt. Der erste ist, daß die Zukunft vorhersehbar sei und daß man auf dieser Basis planen kann. Aber eigentlich ist nicht nur die Zukunft unvorhersehbar, sondern auch die Gegenwart ist uns nicht vollkommen durchschaubar. Das ist der Grund, warum uns oft die Tageszeitung oder die Nachrichten im Radio schockieren. Es ist darum gefährlich, auf der Grundlage von Voraussagen zu planen. Alles, was wir mit einiger Gewißheit kennen, sind die voraussichtlichen Konsequenzen unseres gegenwärtigen Tuns. Wenn zum Beispiel eine Firma nicht genügend Rücklagen bildet, wird sie nicht in der Lage sein, alte Maschinen zu ersetzen und könnte bald vor dem Ruin stehen.

Der zweite Irrtum ist zu glauben, daß, um die höchste Leistungsfähigkeit eines Unternehmens zu erreichen, es auch erforderlich ist, jeden und alle Teilbereiche der Organisation zur höchsten Leistung zu bringen. Eine Firma kann ihr Rohmateriallager zwar bis zum absoluten Minimum reduzieren, muß dann jedoch plötzlich feststellen, daß sie einen dringenden und gewinnbringenden Auftrag nicht erfüllen kann, weil er einen großen Bestand an Rohmaterial erfordert. Drucker hat mit Recht darauf hingewiesen, daß ein Teil absichtlich geschwächt werden darf, um das System als Ganzes zu stärken.

Denke praktisch

Der Manager muß eine realistische und ganz praktisch veranlagte Persönlichkeit sein. Die Führung eines jeden Unternehmens steckt voller Tücken und es gibt immer wieder einmal eine Sackgasse. Clement Attlee, ein großer Verwaltungsfachmann mit praktischer Veranlagung, sagte einmal: „Wenn Holzstücke im Fluß festsitzen, muß man damit beginnen, ein oder zwei davon herauszuziehen in der Hoffnung, daß sich dadurch schließlich der ganze Knoten lockert." Ein anderer Rat ist ebenso empfehlenswert: „Das Beste ist, nie aufzugeben." Unternehmer und Manager müssen ihre Ziele mit allen Mitteln verfolgen. Die goldene Regel dafür ist, die Arbeit eines Tages am selben Tag zu erledigen. Das ganze Unternehmen gewöhnt sich dann an diesen Tagesrhythmus.

Gewinnen Sie einen größeren Überblick

Unternehmer und Manager dürfen sich nicht die ganze Zeit über ausschließlich mit Einzelheiten des Tagesgeschäftes beschäftigen. Es muß genügend Zeit da sein sich zurückzulehnen, um die größeren Zusammenhänge im Unternehmen zu überprüfen und zu reflektieren. Nur so können Richtlinien und Verfahren in neue Bahnen gelenkt und größere Neuerungen geplant werden.

In ähnlicher Weise kann plötzlich jede Firma von einem Unglück überrascht werden. Die Zukunft ist ungewiß, und eine kluge Führungskraft muß darum ständig auf der Hut sein. Sie muß ein gutes Gespür für günstige Gelegenheiten ebenso entwickeln wie für mögliche Gefahren.

26. Mikroprozessoren und Roboter

Revolutionäre Entwicklungen

Mikroprozessoren und Roboter sind technologische Wunder. Sie können das Arbeitsleben zutiefst berühren, und es kann durch sie ein größerer sozioökonomischer Umbruch ausgelöst werden. Alles in allem ist diese Entwicklung etwas ganz Neues, und was folgt ist nur ein grober Umriß der vielen aufregenden Entwicklungen in dieser Branche.

Mikroprozessoren

Mikroprozessoren stehen in Zusammenhang mit anderen Begriffen, wie Silizium-Chip, Großintegration (V.L.S.I.), einem Zweig der Halbleiter-Theorie, Informatik und der weit verbreiteten Datenübertragung.

Wie der Silizium-Chip entwickelt wurde

Konventionelle Computer sind groß und schwer und können nicht für Leitsysteme in Raumschiffen und Raketen verwendet werden. Die Regierung der Vereinigten Staaten gab riesige Summen für die Forschung zur Entwicklung eines Kleinstcomputers aus: Das Ergebnis ist ein Silizium-Chip, der nur einen Quadratzentimeter mißt, aber die Funktionen eines großen Computers übernimmt. Die Grundlagenforschung und die erstmalige Herstellung des Chips begann im sogenannten „Silicon Valley" in Kalifornien.

Beschreibung des Mikroprozessors

Der Mikroprozessor ist eine Kleinstplatte aus festem Sand, auf der die ganze Arbeitskette eines Computers eingedruckt ist: Rechnereinheit, Speicher, Programmierungs- und Ausgabeeinheit.

Die Mikroprozessoren können für eine Vielzahl von Funktionen, wie zur Überwachung von Radio, Fernsehen, Telefonen und Industrieprozessen programmiert werden.

Der Mikroprozessor ist einzigartig

Ein Mitsubishi-Bericht über das Thema erklärt es sehr gut: „Von allen Erfindungen seit dem Beginn der Menschheitsgeschichte ist der Mikroprozessor einzigartig. Er ist dazu bestimmt, auf jedem Gebiet des Lebens eine Rolle zu spielen – unsere Möglichkeiten zu erweitern, Aufgaben zu erleichtern oder abzuschaffen, körperliche Arbeit zu ersetzen, die Möglichkeiten und Denkbereiche zu erweitern, jedem Menschen schöpferische Kräfte zu verleihen, dessen Ideen angewendet, auseinandergenommen, wieder zusammengesetzt, weitergegeben, verändert werden können."

Elektronisches Büro

Der Mikroprozessor verändert jetzt schon den Fertigungsablauf, und er wird auch bald die Büroarbeit völlig verändern. Büros werden in der nahen Zukunft mit selbstkorrigierenden Schreibmaschinen ohne Tastatur ausgerüstet sein, da Direktoren in Dikta-phone sprechen werden. Es wird überall computerspezifische Ablagesysteme ohne Schränke geben, weil die Informationen auf Disketten und nicht in Aktenordnern aufbewahrt werden. Alle Papierdokumente werden verschwinden.

Wandel im Weißen Haus

Im Jahre 1979 gab es nur 54 Computeranschlüsse im Weißen Haus in den Vereinigten Staaten. Diese Anzahl stieg auf 1.000 im Jahre 1985. Der Präsident steht nun in ständiger, aktueller Verbindung mit der ungeheuren Regierungsmaschinerie, die über das ganze Land verteilt ist.

Ähnliche Entwicklungen sind in der ganzen Welt zu beobachten.

Die digitale Uhr

Die Digitaluhr hat die traditionelle Uhrenindustrie erschüttert. Diese Uhr hält länger, ist zuverlässiger und trotzdem billiger. Die traditionelle Schweizer Uhrenindustrie verlor 25 Prozent ihrer Arbeitskräfte und die Lage der Zahlungsbilanz verschlechterte sich zusehends. Eine größere Uhrenfabrik in Frankreich, die von einer Arbeiter-Kooperation geleitet wurde, machte wegen der neuen Technologie bankrott. Solche Auswirkungen werden früher oder später in allen Industriezweigen spürbar werden.

Definition eines Roboters

Es ist nicht einfach, genau zu definieren, was ein Roboter ist. Das Amerikanische Roboterinstitut definiert den Roboter als ein „programmierbares, multifunktionales Gerät, das dazu dienen soll, Materialien, Teile, Werkzeug oder besondere Vorrichtungen mittels veränderbarer, programmierter Bewegungen zur Bewältigung verschiedener Aufgaben zu benutzen."

Aber es gibt Roboter, auf die diese Beschreibung nicht zutrifft. Mobile Geräte zum Sammeln von Informationen, wie Satelliten und Sonden, sind ebenfalls Roboter. Manchmal werden sogar recht einfach aufgebaute, automatische Fahrgestelle als Roboter bezeichnet.

Ein sehr hochentwickelter Roboter wurde von Hitachi in Japan hergestellt. Er hat sieben Fernsehkameras, zwei Arme, jeder mit acht verschiedenen Einstellungen. Er kann ein vorprogrammiertes Objekt aus einer ganz unterschiedlichen Teilesammlung identifizieren und mit anderen Teilen zusammenstellen, um daraus in wenigen Minuten ein kompliziertes Gebilde, wie zum Beispiel einen Staubsauger, herzustellen.

Es gibt ungefähr 60.000 Roboter in der ganzen Welt, von denen 47.000 in Japan, 6.000 in Westdeutschland und 3.200 in den Vereinigten Staaten zu finden sind. Es gibt jedoch nur 180 in Großbritannien.

Toyota: Fabrik ohne Arbeiter

Japan ist im Moment der größte Autoproduzent der Welt mit ungefähr zehn Millionen Autos im Jahr. Toyota ist die führende japanische Exportfirma. Das Außergewöhnlichste einiger dieser Toyotafabriken ist, daß sie praktisch ohne Arbeiter betrieben werden.

Roboter bilden das Laufband, sie prüfen das Fahrgestell, die inneren und äußeren Teile, bauen sie zusammen, prüfen und lackieren sie. Einzelteile kommen an einem Ende an, am anderen Ende kommen Automobile heraus, die fertig zum Verschiffen sind. Die Produktivität einer Toyotafabrik ist ungefähr sechsmal höher als die einer amerikanischen oder europäischen Autofabrik.

Aber bei Toyota gibt es trotzdem kein Problem mit Arbeitslosigkeit, denn es gibt ein gleichbleibendes Wachstum in diesem

Industriezweig. Arbeiter, die von Robotern ersetzt wurden, gehen zu Ausbildungsstellen, wo sie für schwierigere Aufgaben geschult werden, die von Robotern nicht ausgeführt werden können.

Roboter in den Vereinigten Staaten

Es wird geschätzt, daß die Kosten für die Nutzung eines Roboters in den Vereinigten Staaten bei ungefähr 4,60 Dollar pro Stunde liegt, gegenüber 18 Dollar pro Arbeiter und Arbeitsstunde. Die Roboterindustrie ruft in den USA, die beim Rennen um Wirtschaftswachstum hinter Japan zurückbleiben, ernsthafte Probleme ins Leben. Japan benutzt Roboter in großem Umfang, ihre Nutzung in den Vereinigten Staaten wird jetzt immer dringender. Sogar die Gewerkschaften haben den Gebrauch der Roboter als notwendig akzeptiert.

Man geht davon aus, daß General Motors im Jahre 1990 ungefähr 14.000 Roboter hat, die 28.000 Arbeiter im Zweischichten-Betrieb ersetzt haben. Die Hälfte solcher Mitarbeiter kann für höherwertige Tätigkeiten umgeschult werden, aber die andere Hälfte wird arbeitslos werden.

Reaktionen der Arbeiter

Arbeiter scheinen Robotern mit einer Art Haßliebe gegenüberzustehen. Sie hassen sie einerseits, weil sie sie aus ihren Arbeitsplätzen verdrängen, aber sie sehen sie auch gerne, weil sie ihnen die Schinderei einer gefährlichen und monotonen Arbeit abnehmen. Daher erhöhen Roboter auch die soziale Stellung des Arbeiters.

Als in einer der Ford-Fabriken ein Roboter ausfiel, gaben ihm seine menschlichen Kollegen eine Abschiedsfeier. In einem Werk in Japan wurde jedem Roboter der Name eines weiblichen Filmstars zugeteilt.

Wie man mit Roboterproblemen fertig wird

Experten schlagen verschiedene Methoden vor, um die reibungslose Einführung von Robotern in der Industrie zu erleichtern. Erste Forderung ist eine offene und sachliche Information, so daß alle Beteiligten über die Änderungen und ihre Konsequenzen aufgeklärt sind. Es ist wünschenswert, daß alle Arbeiter und Gewerkschaften in den geplanten Änderungsprozeß mit den Robotern einbezogen sind. Durch Tarifverhandlungen sollte sichergestellt werden, daß die Interessen der Arbeiter so weit wie möglich abgesichert sind. Es ist notwendig, das Programm langsam und Stück für Stück einzuführen.

Eine bedeutende industrielle Revolution

Mikroprozessoren und Roboter leiten gerade eine bedeutende industrielle Revolution ein. Einige Experten befürchten, daß die Arbeit des Menschen verdrängt wird und daß der Mensch damit vor einer noch nie dagewesenen Situation steht. Es ist jedoch noch zu früh, etwas Abschließendes darüber zu sagen.

Wenn man das Problem weltweit betrachtet, bleibt bergeweise Arbeit zu bewältigen. Zum Beispiel sind Städtesanierung und Häuserbau in den Entwicklungsländern ungeheure Aufgaben, deren Bewältigung viele Jahrzehnte dauern könnten und zu der man die gemeinsamen Ressourcen der ganzen Welt benötigte.

27. Gewerkschaftswesen

Eine neue Betrachtungsweise

Die meisten Manager sind heute mit Druckers Konzept der zielgesteuerten Unternehmensführung und Selbstkontrolle vertraut. Es gibt den dringenden Bedarf eines ähnlich neuen Ansatzes für die Gewerkschaften, die man „Gewerkschaftswesen durch Zielsetzung und Selbstkontrolle" nennen kann, da die traditionelle Philosophie des Gewerkschaftswesens völlig unzulänglich in Bezug auf die heutigen Anforderungen der Industriegesellschaft ist. Das folgende sind die bloßen Umrisse eines solchen neuen Systems.

Der traditionelle Ansatz

Das Wesentliche der traditionellen Gewerkschaftsphilosophie kann wie folgt zusammengefaßt werden:
- Die Hauptinteressen der Arbeiter sind die Arbeitsverhältnisse, der Lohn, die Arbeitsstunden, die Gesundheit, die Sicherheit und die Sozialleistungen. Ein Arbeiter allein ist nicht in der Lage, seine Interessen zu vertreten, und Arbeiter müssen deshalb eine Gewerkschaft gründen, um Interessen zu schützen.
- Tarifverhandlungen sind das Hauptinstrument, das der Gewerkschaft zur Verfügung steht.
- Experten sind sich über die genaue Bedeutung und den tieferen Sinn des Verfahrens der Tarifverhandlungen nicht einig. Nach

vorherrschender Ansicht betreffen sie vorwiegend Vereinbarungen in der Industrie wie Löhne, Neueinstellungen, Beförderungen, Entlassungen.

Tarifverhandlungen lassen Regeln und Verhaltensmuster entstehen die, gemeinsam mit den bestehenden Traditionen, die Arbeit der Industriefirmen bestimmen.

Tarifverhandlungen sind daher auch eine Einrichtung zur Arbeitsmarktregulierung.

– Gewerkschaften sind primär politische und nicht wirtschaftliche Organisationen. Ihr Hauptziel ist, sich die Macht mit dem Management in allen Belangen des Unternehmens zu teilen.

– Die Hauptaufgabe einer Gewerkschaft ist und muß bleiben, sich dem Management entgegenzustellen. Sie bildet eine dauernde Opposition wie in einer Demokratie, die aber niemals darauf hoffen kann, die Regierung zu stellen.

Die Konsequenzen der traditionellen Theorie

Arbeitskämpfe haben in allen demokratischen Ländern zugenommen, außer in Japan, wo ihre Zahl geringer wird. Tarifverhandlungen mögen die unmittelbaren Interessen der alteingesessenen Gewerkschaften fördern, sehr oft auf Kosten der schwächeren Gruppen der Gesellschaft. Die Arbeiterklasse, als Teil der Gesellschaft, gewinnt bei den Reallöhnen nichts hinzu, aber die Gesellschaft selbst verliert eine ganze Menge. Die Situation ist jetzt in Ländern wie Großbritannien, Italien und Indien dramatisch geworden, weil nur noch der Opportunismus blüht. Es können leicht weitere Erwartungen auftauchen, die die Wirtschaft nicht erfüllen kann. Und das mehrt nur die vorherrschende Frustration, Ungewißheit, Unsicherheit und die Angst der ärmeren Schichten.

Die gravierendste Schwäche der Tarifverhandlungen ist, daß sie die Interessen der breiten Massen mißachtet. Selbst die unerschütterlichsten Verfechter von Tarifverhandlungen gestehen ein, daß diese dringend einer Reform bedürfen. Drucker sagt: „Es gibt kaum Zweifel daran, daß das Fortbestehen von Tarifverhandlungen in dieser Form fraglich ist. Ob die zivilisierte, industrielle Kriegskunst der Tarifverhandlungen überhaupt noch überleben kann, ist fraglich. Und was ihren Platz einnehmen könnte, liegt noch völlig im dunkeln."

Eine neue Betrachtungsweise der Verantwortung von Gewerkschaften

Das Gewerkschaftswesen durch Zielsetzung und Selbstkontrolle sieht Unternehmen aus einem weiteren Blickwinkel. Seine Grundsätze können folgendermaßen zusammengefaßt werden:

- Ein Unternehmen hat zweifache Verantwortung. Es muß die Gesellschaft mit den Gütern und Dienstleistungen versorgen, die von ihr benötigt werden. Gleichzeitig hat es die menschliche Verpflichtung, Arbeit für den einzelnen zu schaffen und seine Entwicklung durch die Arbeit in der Firma zu fördern.
- In einem idealen Unternehmen sind die Interessen der verschiedensten Gruppen des Unternehmens, der Arbeiter, Manager, Teilhaber, Verbraucher und so weiter richtig abgewogen und eingegliedert, so daß alles glatt läuft, ohne unnötige Reibungen und Verschwendung.
- Die wesentliche Funktion der Gewerkschaft ist, vorzubringen, was nach Ansicht der Arbeiter für das gesamte Unternehmen am besten ist.
- Es sollte auch klar gesehen werden, daß das, was gegen die Interessen des Unternehmens geht, langfristig für keinen von Nutzen sein kann.
- Auch sollte erkannt werden, daß gemeinsame und gegensätzliche Interessen nebeneinander existieren.

Zum Beispiel ist ein gesundes Unternehmen sowohl aus der Sicht des Managements als auch aus der der Beschäftigten wünschenswert. Wenn ein Unternehmen zusammenbricht, wird keiner von ihnen überleben. Und doch kann es wegen der Verteilung des Produktivitätszuwachses unter ihnen zu wirklichen Konflikten kommen. Jedoch ist es durchaus möglich, diese Auseinandersetzungen friedlich zu lösen.

Ziele einer Gewerkschaft

Die folgenden Tätigkeitsbereiche werden für eine Gewerkschaft vorgeschlagen:

- Einkünfte und Beschäftigung
- Produktivität
- Innovation
- Qualität des Arbeitslebens
- Arbeitsorganisation und Entwicklung der Arbeiter
- „Demokratie" zwischen den Tarifpartnern
- Gesellschaftliche Verantwortung.

Die einzelnen Punkte werden hier kurz erörtert.

Bezüge (Löhne, Gehälter)

Lohn- und Gehaltsverhandlungen sind sowohl in der Theorie als auch in der Praxis ein zweischneidiges Schwert, und es kann keine genaue mathematische Formel dafür vorgeschlagen werden. Allerdings kann man auf ein paar Leitsätze hinweisen. Gewerkschaften müssen sich immer vor Augen halten, daß der Arbeiter zum einen Produzent, zum anderen Verbraucher ist. Was für ihn als Produzent von Vorteil ist, wird er als Verbraucher oft wieder verlieren.

Sehr häufig können Tarifverhandlungen nur einem Teil der Arbeiter dienen, meist auf Kosten derjenigen in anderen Arbeitsbereichen. Arbeiter in einem Industriezweig können eine großzügige Gratifikation erhalten, finden dann aber heraus, daß die Fahrtkosten zur Arbeitsstelle sich zur selben Zeit so verteuert haben, daß sie den zusätzlichen Verdienst aufwiegen.

Generell kann aber gesagt werden, daß die Reallöhne aller Arbeiter nur erhöht werden können, wenn das Volkseinkommen als Folge der verbesserten Produktivität steigt. Weiterhin sollten die Gewerkschaften in Entwicklungsländern die Tatsache nicht aus den Augen verlieren, daß ein sehr großer Teil der Bevölkerung am Hungertuche nagt. Es muß auch immer mitbedacht werden, wie sich eine Lohnforderung auf die Zukunft eines Unternehmens auswirken kann. Ein Unternehmen, das nicht angemessene Gewinne macht, wird wahrscheinlich nicht lange bestehen. Gewerkschaften werden sich in Zukunft größere Zurückhaltung auferlegen müssen, wenn sie Lohnforderungen stellen.

Für die Regierungen ist es notwendig, daß Löhne (und Gewinne) innerhalb vertretbarer Grenzen gehalten werden, so daß die Preise nicht steigen. Galbraith hat „ein durch Verhandlungen erreichtes Verhältnis zwischen den Löhnen der Arbeiter und den Gehältern der leitenden Angestellten als die beste Form einer Lohneinschränkung" vorgeschlagen. Er vertritt die Auffassung, daß ein klares Verhältnis zwischen dem gesetzlichen Mindestlohn, der einem Arbeiter vielleicht gezahlt wird und dem Höchstgehalt eines Direktors bestehen muß.

Produktivität

Gewerkschaften nehmen oft eine gleichgültige oder sogar feindliche Haltung gegenüber Produktivität ein. Ohne größere Produktivität jedoch kann das Streben der Arbeiter nach höheren Löhnen und Sicherung der Arbeitsplätze nicht verwirklicht werden. Wir erheben daher zum uneingeschränkten Prinzip, daß die Stärke einer Gewerkschaft in Zukunft nicht von der Fähigkeit abhängt, die Produktion einzuschränken, sondern von ihrem Vermögen, die Produktivität in Zusammenarbeit mit dem Management zu erhöhen.

Innovation

Innovation ist die Grundlage für den Erfolg einer Firma und die Hauptgrundlage jeder wirtschaftlichen Entwicklung. Gewerkschaften sollten Innovation daher begrüßen. Sie sollten jedoch sicherstellen, daß die Nöte, die so oft mit Neuerungen verbunden sind, gemildert werden. Wenn ein Unternehmen unfähig ist, Neuerungen einzuführen, wird es bald von seinen Konkurrenten überflügelt, und es wird zum Beispiel auf dem Exportmarkt nicht mithalten können.

Die Qualität des Arbeitslebens

Das Thema ist ausführlich in einem früheren Kapitel behandelt worden. Gewerkschaften sollten diesen umfassenden Gesichtspunkt vor Augen haben und sich die Frage stellen, wie Arbeit sinnvoller gemacht werden kann, und wie sich Arbeiter im Endeffekt zu verantwortungsbewußten Bürgern entwickeln können. Schließlich müssen sie in der Lage sein, ein gutes, angenehmes und kultiviertes Leben führen zu können.

Arbeitsorganisation und Arbeiterentwicklung

In einer gut geführten Firma wird es einen hohen Anteil an Dezentralisierung und Partizipation geben. Arbeiter sollten einen großen Bewegungsfreiraum haben, um ihre Arbeit, die Sicherheits- und Trainingsprogramme zu organisieren. Gewerkschaften sollten Verhaltensweisen wie kooperatives Denken und Handeln fördern. Die häufig vorkommenden Unruhen und die Unzufriedenheit im Werk werden dann allmählich abnehmen und die Arbeiter werden merken, daß ihre tägliche Arbeit, sofern sie systematisch ausgeführt wird, eine Quelle der Freude ist.

Zusammenarbeit der Tarifpartner

Wir schlagen hier eine neue Definition des Begriffes Tarifpartnerschaft vor. Dies bedeutet diszipliniertes Management eines Unternehmens, das frei ist von autoritärer und patriarchalischer Politik und patriarchalischem Handeln und in dem kein Platz für Bevorzugung, Korruption und Diskriminierung ist. Gewerkschaften haben die Aufgabe zu kontrollieren und sicherzustellen, daß das Management den Idealen der Tarifpartnerschaft entspricht. Wenn die Gewerkschaften ihre moralische Stärke zu diesem Zweck einsetzen wollen, muß ihre eigene interne Arbeitsweise ganz sicher demokratisch sein.

Öffentliche Verantwortung

Es ist eine traurige Tatsache, daß Gewerkschaften oft sehr wenig Rücksicht auf öffentliche Belange nehmen. Sie greifen beispielsweise ein, weil die Disziplinarmaßnahmen einem bestimmten Mitarbeiter gegenüber besonders hart gewesen sind. Eine Gewerkschaft könnte Not über Hunderttausende verantwortungsvoller Bürger bringen, indem sie in einem solchen Fall zum Streik aufruft. Das ist ein offener Mißbrauch von geballter Macht. Die Rechte einer großen Anzahl von Menschen innerhalb der verantwortungsbewußten Bevölkerung sind viel wichtiger als die Rechte eines einzelnen Individuums. Gerechtigkeit für den einzelnen muß durch andere, friedliche Methoden gewährt werden.

Zwang durch extreme Armut

Die wirtschaftliche Lage einer Nation steckt notwendigerweise scharfe Grenzen für die Arbeit jedes Unternehmens ab. Zum Beispiel kann Indien mit einem Bruttosozialprodukt von 260 Dollar pro Kopf nicht die gleiche Industriepolitik und die gleichen Praktiken anwenden wie das Vereinigte Königreich mit seinem Bruttosozialprodukt von 9.110 Dollar pro Kopf.

Die wirtschaftliche Situation in Indien ist nicht nur angespannt, sondern sie ist sogar noch im Begriff, sich zu verschlechtern.

Zum Beispiel steht die Eisenbahnverwaltung in bestimmten Regionen des Staates nahezu vor dem Zusammenbruch. Die Wiederherstellung der Disziplin ist eine nationale Aufgabe von größter Dringlichkeit, bei der die Gewerkschaften sich mit aller ihnen zur Verfügung stehenden Kraft beteiligen müssen. Die folgende Warnung von Paul Steeton, einem berühmten Wirtschaftswissenschaftler, darf nicht ignoriert werden:

Wenn man sagt, daß das Verhalten der Gewerkschaften und die Arbeitsnormen wirtschaftlich hochstehender Länder von Entwicklungsländern nicht einfach übernommen werden sollten, so heißt das nicht, daß Gewerkschaften in Entwicklungsländern keine Aufgaben haben. Sie erfüllen dort andere Aufgaben. Sie sollten dort sowohl eine Rolle der Verständigung zwischen der Regierung und den Lohnarbeitern, als auch zwischen Arbeitgebern und Arbeitnehmern übernehmen. Sie sollten Schulungen und Leistungskampagnen organisieren. Sie sollten industrielle Spannungen und Unruhen verringern. Sie können auch soziale Dienste fördern, preiswerte Ferien organisieren, soziale Einrichtungen schaffen und so weiter.

Schlußfolgerung

Unser Konzept stellt eine andere, aber schöpferische Rolle für die Gewerkschaften vor. Sie werden nicht länger, wie in der Vergangenheit, die Rolle der Antagonisten spielen. Sie werden ihre Unabhängigkeit bewahren und mit dem Management auf der Basis der Gleichberechtigung zusammenarbeiten. Sie werden ihre Macht konstruktiv einsetzen, um die Disziplin und den Leistungsstandard zu verbessern. Sie werden auch sicherstellen, daß Industrieunternehmen in einer Art und Weise geführt werden, die die Würde des einzelnen sicherstellt.

Sie werden die langfristigen Interessen der Arbeiter im Auge behalten, und sie werden auch zu jeder Zeit zeigen, daß sie sich ihrer sozialen Verantwortung wirklich bewußt sind. Nur auf diese Weise werden sie stärker werden und das Wohlergehen der Arbeiter fördern. In der heutigen, bedenklichen wirtschaftlichen Lage können es sich Indien und andere Länder, besonders die Entwicklungsstaaten, nicht leisten, auch nur eine einzige Arbeitsstunde zu verlieren. Wirtschaftliche Realitäten müssen beachtet werden. Wenn dies nicht der Fall ist, zieht das die ernste Gefahr eines totalen Chaos und der Entmenschlichung als Folge der schlimmen Notstände nach sich.

Und das ist keine Utopie. Japanische Gewerkschaften arbeiten mehr oder weniger nach den Richtlinien, die in diesem Kapitel beschrieben sind, und dies mit großem Erfolg. Japan hat die Armut verbannt, und die Reallöhne der japanischen Arbeiter kann man mit denen ihrer Kollegen in den USA vergleichen. Andererseits hat Großbritannien sich praktisch selbst wirtschaftlich ruiniert, zum großen Teil durch das Festhalten an einer traditionellen Philosophie des Gewerkschaftswesens.

28. Management in seiner besten Form

Japans Produktivitätssteigerungen

Um 1930 war Japan ein armes Land. Seine Bauern konnten den Reis, den sie ernteten, nicht selbst verbrauchen, sondern mußten sich statt dessen mit schlechteren Früchten wie Hirse am Leben erhalten. Heute ist Japan das drittreichste Land der Welt hinsichtlich des Bruttosozialprodukts. Diese Leistung ist in der Weltgeschichte ohnegleichen.

In den letzten dreißig Jahren ist Japans Produktivität unglaublich schnell gewachsen. Im Jahre 1980 um 7,5 Prozent pro Jahr, die deutsche dagegen um 4,23 Prozent, während in den Vereinigten Staaten die Produktivität sogar um 1 Prozent pro Jahr fiel. Lassen wir uns die Gründe von Japans erstaunlicher Produktivitätssteigerungen betrachten.

Hondas Vertrauen in seine Mitarbeiter

Honda, der bekannte japanische Industriemagnat, sagt, daß er seinen Erfolg dem Vertrauen in jeden einzelnen seiner Mitarbeiter verdankt. Sie sind der Grund, fügt er hinzu, daß seine Maschinen die besten der Welt sind.

Das japanische Management ist darin erfolgreich wie kein anderes, sich der engagierten Mitwirkung der Arbeiter im Unternehmen zu versichern. Es hilft den Menschen, ihr Wissen und ihre Fertigkeiten zu entfalten. Es regt ihren Wunsch nach Zusammenarbeit und ihre Freude an der Arbeit an. Denn letztlich ist es immer der Mensch hinter der Maschine, der für größere Produktivität verantwortlich ist.

Die Bedeutung des Personalmanagements

In Japan wird das Personalmanagement als der wichtigste Teil des ganzen Managements angesehen. Das Management mit „familiärem Konzept" dominiert. Das bedeutet, eine Anstellung bei einer Firma ist nicht bloß eine vertragliche Verpflichtung. In größeren Firmen existiert darüber hinaus die moralische Verpflichtung, eine lebenslange Anstellung zu bieten. Eine Firma ist wie eine Familie und die Mitarbeiter mögen ihre Unternehmen. Die allererste Verpflichtung einer japanischen Firma besteht gegenüber ihren Arbeitnehmern. Deren Wohlergehen und Fortkommen ist ihr Hauptinteresse. Als Folge dessen wird die Autorität des Managements in japanischen Firmen respektiert. Vorarbeiter legen sich zum Beispiel nicht mit ihren Arbeitern an, sondern gehen in gutem Einvernehmen mit ihnen ihren Aufgaben nach, und alle fühlen sich gemeinsam dem Ideal einer immer höheren Produktivität verpflichtet.

Die traditionelle Einstellung

Es wird oft der Anspruch erhoben, daß es möglich sei, die Arbeit eines einzelnen Maschinenbedieners genau zu messen und den Leistungsstandard exakt darzulegen. Während des zweiten Weltkrieges wurde der Irrtum dieser Betrachtungsweise zum ersten Mal deutlich. Man fand heraus, daß sich die Zahl der Arbeitsstunden stetig verringerte, die zum Bau der Liberty-Schiffe und Flugzeuge nötig war, je mehr Schiffe und Flugzeuge gebaut wurden, obwohl es keine Veränderung bei den Produktionsbedingungen gab. Die Richtlinien der Arbeitsgestaltung hatten sich damit als irreführend erwiesen.

Man stelle sich nur mal eine neue Schreibkraft vor. Anfangs kann es sein, daß sie 15 Minuten für eine Seite braucht. Aber wenn sie ein paar Monate eifrig gearbeitet hat, kann sie ohne besondere Anstrengung eine Seite in 5 Minuten schreiben.

Das Phänomen der Lernkurve

Es ist eine allgemein bekannte Erfahrung, daß Menschen ihre Leistung durch beständiges Üben verbessern, wenn sie Interesse an ihrer Arbeit haben. Diese Verbesserung entsteht fast unbemerkt und auch ohne besondere Anstrengung. Das ist die Bedeutung des geflügelten Wortes:

„Übung macht den Meister". Dies ist auch ein Grundsatz, der vom japanischen Management übernommen wurde. Es gibt zu Beginn keinen festen Leistungsstandard vor. Die traditionelle Methode blockiert dadurch Leistungssteigerungen, daß eine niedrige Produktivitätsstufe als Normalleistung angenommen wird.

Das japanische Management sieht seine Aufgaben anders. Es stellt sicher, daß die Beschäftigten gut ausgebildet sind, ihnen die erforderlichen Einrichtungen zur Verfügung stehen und erlaubt, in einem Klima gegenseitigen Vertrauens und von Zuversicht zu arbeiten. Als Folge stetiger Übung steigen daraufhin die Leistungen der Beschäftigten weiter an.

Teamarbeit

In einer modernen Fabrik hängt die Leistung von guter Koordination und Teamarbeit ab. Eine Einzelperson, so erfahren und intelligent sie auch immer sein mag, kann alleine nicht viel erreichen. In Japan wird Teamarbeit immer gefördert. Alle Erfolge sind Gruppenleistungen. Alle Mißerfolge bedeuten Versagen der ganzen Gruppe. Die Einzelperson gibt es einfach nicht.

Arbeitsgestalter versuchen, die Arbeit auf der Basis individueller Leistung zu planen. Das Ergebnis ist, daß jeder eine selbstsüchtige Einstellung entwickelt, und nicht gerne mit anderen zusammenarbeitet. Wo Arbeit auf Teambasis gefördert wird, helfen sich die Menschen bereitwillig, und der individuelle Konkurrenzkampf behindert nicht die Gruppenleistung. Die gesamte Arbeit tendiert dahin, automatisch integrierend und koordinierend zu wirken, und das Ergebnis ist ein höheres Produktivitätsniveau.

Lebenslange Anstellung

Lebenslange Anstellung hat aus verschiedenen Gründen mit zum wirtschaftlichen Erfolg Japans beigetragen. Höhere Produktivität hängt weitgehend von technologischen Neuerungen ab, aber diese werden oft von den Gewerkschaften und den Arbeitern angefochten, weil sie zu Arbeitslosigkeit führen können. Wo jedoch lebenslange Anstellung garantiert ist, verschwindet diese Angst vor Arbeitslosigkeit. Im Gegenteil, japanische Arbeiter begrüßen Neuerungen. Es gibt keinen Streit über Zuständigkeiten.

In Großbritannien würde es zum Beispiel einem Maschinenhelfer nie erlaubt, eine Maschine allein zu bedienen, aber in Japan könnte er dies sicherlich, wenn es nötig wäre. Man ist bereit, sich neue Fähigkeiten anzueignen und neue Aufgaben zu übernehmen.

Gruppenorientiertes Streben
nach Wissenszuwachs

Die Leistungsfähigkeit eines Unternehmens hängt von dem Wissen und den Fachkenntnissen seiner Mitarbeiter ab. Wissen veraltet jedoch schnell, und wenn eine Organisation sich nicht bemüht, sich die neuesten Erfahrungen und Fachkenntnisse anzueignen, sinkt der Leistungsstand. Gruppenarbeit sollte deshalb

Hand in Hand gehen mit von der Gruppe gesteuertem Streben nach dem Erwerb von verbesserten Fachkenntnissen und Fertigkeiten. In japanischen Firmen geschieht dies ständig.

„Soldaten an der Front"

Tokyo Electric Power ist eine der größten Elektrizitäts-Gesellschaften der Welt. Sie hat eine Gruppe junger Technologen und Führungskräfte zusammengestellt, die sich „Soldaten an der Front" nennen. Die Aufgabe dieser Gruppe ist es, das Management über die jüngsten Neuerungen in verschiedenen Bereichen auf dem laufenden zu halten. Dies ist ein gutes Beispiel dafür, wie Gruppen das Streben nach neuesten Erkenntnissen verwirklichen können.

Wissen ist heutzutage allenthalben so stark spezialisiert, daß niemand allein mit mehr als einem kleinen Teilbereich einer bestimmten Sparte fertig werden kann. Weiterbildung in Gruppen ist daher viel erfolgreicher und stärkt zudem das Gefühl der Zusammengehörigkeit.

Fortlaufende Schulung/Weiterbildung

Da sich das Wissen schnell entwickelt, wird eine fortlaufende Schulung immer wichtiger. Lebenslange Anstellung geht in Japan immer Hand in Hand mit lebenslanger Schulung. Andernfalls würde lebenslange Anstellung zu Stillstand, Teilnahmslosigkeit und mittelmäßiger Arbeitsleistung führen. Japanische Fabriken leiten ein wöchentliches Schulungsprogramm, an dem alle teilnehmen, auch die Kehrer und Reiniger. Die zugrunde liegende Idee ist, Gruppenarbeit anzuregen und zu besonderen Leistungen anzuspornen. Das Hauptziel dieses Programms ist, jedem die Gelegenheit zu geben, was immer er auch heute macht, es morgen noch besser zu machen. Man nennt das die Zen Philosophie der Erziehung.

Zehn Minuten und achtzig Jahre

Hakuin Ekaku, der berühmte Zen-Meister, soll gesagt haben, das Bild des Daruma, des Gründers der Zen-Sekte, zu malen habe zehn Minuten – und 80 Jahre gedauert. Die zugrunde liegende Erkenntnis ist, daß man nie aufhören darf zu üben und daß man nie sagen kann: jetzt bin ich perfekt. Das Lernen muß ein lebenslanger Prozeß bleiben.

Mitwirkung und Qualitätszirkel

Wie wir bereits gesehen haben, gibt Partizipieren den Mitarbeitern ein Gefühl der Zugehörigkeit und die Gelegenheit, ihre Fähigkeiten bei ihrer Arbeit wirklich anzuwenden. Dadurch wird ihr Interesse an der Arbeit vergrößert. In Japan bedeuten Qualitätszirkel eine gute Gelegenheit für die Mitarbeiter, Maßnahmen vorzuschlagen, die der Qualitätsverbesserung, der Leistungsfähigkeit und den Arbeitsarrangements dienen. Im Nissan Motorenwerk sind nahezu 57.000 Arbeiter beschäftigt. Es gibt dort 4.200 Qualitätszirkel, die aus je 10 bis 15 Arbeitern bestehen. Sie treffen sich regelmäßig zweimal im Monat nach der Dienstzeit. Im Jahre 1980 machten sie 1,12 Millionen Vorschläge zur Verbesserung der Leistung, von denen fast 80 Prozent akzeptiert und dementsprechend belohnt wurden. Die beträchtliche Anzahl an Vorschlägen zeigt, was für einen bedeutenden Beitrag solch eine wirkliche Beteiligung leisten kann. Nissan hat seine Produktivität in zehn Jahren verdoppelt.

Soziale Leistungen
schließen ethische Bildung mit ein

Das japanische Management gibt fast verschwenderische Beträge für die sozialen Leistungen der Arbeitskräfte aus; Hitachi 8,5 Prozent der gesamten Arbeitslöhne, exklusive Krankengeld, während English Electric, eine vergleichbar große englische Firma, nur 2,5 Prozent, inklusive Krankengeld, ausgibt. Die japanischen Arbeiter reagieren dementsprechend, indem sie loyal und engagiert ihre Pflicht tun. Japanische Firmen legen großen Wert auf die ethische Bildung. Ethische Bildung bedeutet richtiges Verständnis der Verantwortung des einzelnen gegenüber dem Unternehmen und der Gesellschaft. Es schließt die Überzeugung ein, daß Arbeit heilig ist. Die Japaner denken wirklich, daß Arbeiten beten bedeutet. In der Hitachi Broschüre „Die geistige Grundlage von Hitachi" steht, daß auch ein kurzer Moment der Nachlässigkeit ein Grund für ernste Selbstanklage sein sollte.

Gegenseitige Abhängigkeit

Die Tatsache, daß Lohn und Aufstiegsmöglichkeiten durch das Dienstalter bestimmt sind, und daß es daher keinen Konkurrenzkampf um Autorität und Position gibt, hilft natürlich. In Japan hat eine Führungskraft niemals Angst, sein Assistent könnte seine Position untergraben und ihn dann verdrängen.

Ein weiteres bedeutendes Charakteristikum des japanischen Managements ist seine Fähigkeit, ein Klima gegenseitiger Abhängigkeit zu schaffen. Japanische Abteilungsleiter versuchen nicht, unabhängig zu sein. Sie versuchen auch nicht, alles selbst zu wissen, um dann ihre Arbeit unabhängig zu erledigen. Japanische Führungskräfte suchen deshalb stets freiwillig die Hilfe ihrer Mitarbeiter. Sie sind stark daran interessiert, die Fähigkeiten ihrer Leute voll auszunutzen.

All das führt zu einem Klima gegenseitigen Vertrauens. Die Moral verbessert sich, und die Teamarbeit profitiert unendlich davon.

Gegenseitige Abhängigkeit heißt, alle verfügbaren menschlichen Fähigkeiten zusammenzuführen, um mit dem Wissen, der Geschicklichkeit und der Vorstellungskraft des einzelnen die gesetzten Ziele zu erreichen.

Entscheidungsfindung nach dem Ringi-Prinzip

Dies ist ein besonderes System zur Entscheidungsfindung, in dem Beschlüsse einstimmig gefällt werden müssen: Das bedeutet, bei wichtigen Entscheidungen muß unbedingt jeder zustimmen und es wird kein Entschluß gefaßt, bevor alle zustimmen. Entscheidungen werden in zwei Kategorien klassifiziert: Managemententscheidungen und solche, die organisatorische Abläufe betreffen. Die Entscheidungen der zweiten Kategorie bleiben den Arbeitern selbst überlassen.

Ihr Beschlußfassungssystem hat verschiedene Vorteile: Da Entscheidungen immer das Ergebnis von gemeinsamer Erfahrung und Einsicht aller, die sich mit der Problematik befassen sind, sind sie qualitativ besser. Da sie einstimmig gemacht werden, ist die Solidarität innerhalb der Gruppe gewahrt und Entscheidungen werden auch wirklich umgesetzt.

Weil die Arbeiter selbst Entscheidungen über die Arbeitsorganisation treffen dürfen, sind diese zudem nicht nur realistischer und praktischer, sondern die Arbeiter haben auch ein größeres Interesse an der Arbeit, weil sie selbst am Entscheidungsprozeß beteiligt waren.

Arbeiter werden ermutigt,
Verantwortung zu übernehmen

In Japan werden Arbeiter ermutigt, Verantwortung zu übernehmen. Bei der Matsushita Elektrizitätsgesellschaft haben die Arbeiter die Befugnis zur Qualitätskontrolle. Sie können das Fließband anhalten, sobald sie einen Fehler entdecken.

In einer anderen Fabrik unterzeichnet der Kontrolleur der elektronischen Waren eine Karte, auf der sein Foto zu sehen ist. Man kann auf der Rückseite der Karte lesen: „Ich habe das Produkt für Sie geprüft und ich bin sicher, daß es auch funktionieren wird; aber wenn nicht, dann geben Sie diese Karte bitte bei der Post auf."

Führungskräfte führen

Es sind die Manager, die das Arbeitstempo vorgeben. Japanische Manager fühlen sich ganz ihrer Arbeit verpflichtet und arbeiten schwer. Die Spitzenleute in der Verwaltung arbeiten täglich bis ungefähr 8 oder 9 Uhr abends und sogar samstags bis ungefähr 15 Uhr. Zu besonderen Anlässen schlafen sie im Büro in speziell dafür vorgesehenen Hängematten. Es wird zurecht gesagt, daß die Relation zwischen der Führungskraft und dem durchschnittlichen Arbeitnehmer immer gleich ist. Wenn die Führungskraft schnell und gut arbeitet, werden die anderen es genauso machen.

Sozialer Zwang

Die japanische Gesellschaft schätzt Harmonie, Ordnung, Disziplin und Tüchtigkeit. Sie respektiert Autorität und findet Pflichten wichtiger als Rechte. Diese soziale Atmosphäre formt individuelles Verhalten und jeder versucht, sich dieser Richtlinie anzupassen. Individuelle Rechte sind den Notwendigkeiten untergeordnet. Es kann einem Arbeiter zum Beispiel verboten werden zu gehen, wenn es im Interesse der Produktion ist. – Und sogar die Gewerkschaften stimmen dem zu.

Beziehungen zwischen den Sozialpartnern

Die Gewerkschaften in Japan sind sich völlig im klaren, daß letztlich das Wohlergehen der Arbeiter von Japans Konkurrenzfähigkeit auf dem Weltmarkt abhängt. Sie zeigen echtes Leistungsbewußtsein und sind bereit, mit dem Management zusammenzuarbeiten, wenn es um höhere Produktivität bemüht ist. Sie akzeptieren die Notwendigkeit harter Arbeit und zeigen Stolz auf Fachkenntnisse und hochwertige Ware. Die Arbeitskämpfe haben sich nicht sonderlich verschlimmert und Streiks bleiben meist symbolisch.